孤独症儿童的早期融合教育

家长及幼儿园教师实用指南

王国光　著

中国妇女出版社

版权所有·侵权必究

图书在版编目（CIP）数据

孤独症儿童的早期融合教育 ：家长及幼儿园教师实用指南 / 王国光著. -- 北京 ：中国妇女出版社，2025. 1. -- ISBN 978-7-5127-2439-6

Ⅰ. G766

中国国家版本馆CIP数据核字第2024CZ2686号

责任编辑：陈经慧
封面设计：季晨设计工作室
责任印制：李志国

出版发行：中国妇女出版社
地　　址：北京市东城区史家胡同甲24号　　邮政编码：100010
电　　话：（010）65133160（发行部）　　65133161（邮购）
网　　址：www.womenbooks.cn
邮　　箱：zgfncbs@womenbooks.cn
法律顾问：北京市道可特律师事务所
经　　销：各地新华书店
印　　刷：小森印刷（北京）有限公司

开　　本：165mm×235mm　1/16
印　　张：13.25
字　　数：190千字
版　　次：2025年1月第1版　　2025年1月第1次印刷
定　　价：59.80元

如有印装错误，请与发行部联系

自闭症（孤独症）不是一种疾病，而是一种人类存在的独特方式。自闭症（孤独症）儿童不是病人，他们所经历的发展阶段，是我们人类都要经历的。我们需要做的，不是设法改变他们，或者把他们“修理”好。我们需要做的是，真切无误地理解他们，并改变我们自己的所作所为，改变我们提供支持的类型。

（引自《这世界唯一的你：自闭症人士独特行为背后的真相》）

前言

PREFACE

2024年，是我和孤独症打交道的第30年。1994年，我进入“星星雨”，从普通教育跨行进入了特殊教育，开始思考普通教育和特殊教育的关系。为了找到答案，在北京师范大学特教中心哈平安老师的鼓励下，再次回到北京师范大学学习心理学。哈老师说：“可能上学得不到你想要的答案，但是会给你带来解决问题的思路。”带着这样的思考，我读完了心理学研究生。2005年，在同行、好友Helen博士的鼓励下，我开始进入幼儿园探索融合教育，有了初期的普教和特教结合的思路；同时，在北京大学医学部幼儿园潘园长和老师们的大力支持下，早期融合教育思路逐渐成型。随着个案的长大，我确立了做个案追踪的工作定位。在大量个案追踪的过程中，我思考最多的是：我的作用是什么。在思考中，我逐渐完成了从一个教孩子的老师到孩子背后支持者的角色转型。其中最大的收获是成为懂孩子的人。这一点是我与孤独症孩子顺利相处的重要保障，也是我想在这本书中传达给家长和老师的核心思想。

希望这本书能够帮助家长们读懂孤独症孩子，在有限的时间、精力和经济条件下，给孩子最有效的帮助，还孩子一个充满安全感的心安童年；希望幼儿园老师们能通过我的成长经历，努力了解孤独症群体，真正理解他们的障碍，接纳他们的任何表现，满足他们的特殊需求，成为孩子们背后的支持者，帮助他们度过人生的初始阶段，为其一生打下坚实的基础。希望全社会都能始终站在孩子的角度，真正了解、理解和接纳他们，成为孩子强大的支持者。只有这样，才能助力孩子将来过上自己满意的生活。这是被无数个案成长经历所证明的。

书中最后一部分，是我们对近年来培养融合幼儿园工作的总结和反思，以期帮助更多普通幼儿园向融合幼儿园顺利转型，还可以让那些期待与幼儿园合作的机构多一条了解和选择幼儿园的途径。

特别感谢全国妇联妇女研究所原副所长肖扬老师的支持和鼓励，感谢中国妇女出版社相关领导和编辑们多年来的信任。特别感谢北京联合大学特教学院的王梅教授，对我一直以来在专业上的引领。感谢辽宁师范大学外语系孙敦科教授，多年来对我一如既往的支持和鼓励。我国早期国外相关资料的引进及翻译几乎都出自孙老的手笔。

本书记录的所有案例都是我们亲自陪伴成长的学生。如今，书里的孩子们都长大了，朵朵上大二了，如愿以偿地考上了自己满意的专业；鹏鹏读高中二年级，在紧张备战高考；童童大学毕业后从事了自己喜欢的专业工作，还顺利拿到了驾照；恒恒也考上了大学……感谢孩子们和家长多年来的支持与信任，感谢幼儿园园长与老师们的信任和坚持不懈的努力。

本书其他编委的工作如下：王睿思老师参与了第四章的部分案例编写；朱梦恬老师主要编写了第六章的内容；王睿思、何淑琴老师在第六章案例部分贡献了自己的想法。

王国光

2024 年 10 月

目录 CONTENTS

第一章

你了解孤独症吗

第三章

融合教育如何实施

第四章

幼儿园融合教育的常见问题和支持策略

第五章

幼儿园融合实践中的问题

第六章

普通幼儿园如何转型做融合教育

第一章

你了解孤独症吗

什么是孤独症

孤独症，又称自闭症，是一组以社交沟通障碍、兴趣或活动范围狭窄以及单调重复行为为主要特征的神经发育性障碍。

自 1943 年美国医生肯纳（Kanner）首次报道儿童孤独症以来，有关孤独症及其相关障碍的名称和诊断标准不断变迁。2013 年 5 月，在美国精神医学学会（APA）年会上，正式发布了《精神障碍诊断与统计手册（第五版）》（DSM-5），手册中对孤独症给出了具体的诊断标准，并将孤独症改称为孤独症谱系障碍（Autism Spectrum Disorder）。

儿童孤独症具体表现在两个方面：一是在社会交往和社会互动的多个层面上有持续缺陷，包括暂时或既往曾出现过的均可作为诊断依据。主要表现为不合群；不是不愿意和小朋友玩，而是不会玩，缺乏交往技巧。二是受限、重复的行为方式、兴趣、活动，固定的思维方式。表现为喜欢固定不变的环境、做事顺序，喜欢预测将要发生的事情等，不愿意接受变化。以上两种表现同时存在，且在儿童早期就有发生。根据孩子需要支持的程度不同，将孤独症等级分为三级，一级最轻。

如何尽早发现孩子患有孤独症

通常，儿童孤独症的确诊要到 2 ~ 3 岁才能达成，但其实孩子在 10 个月左右就可能出现早期症状。中华儿科学会 2017 年发表的《孤独症谱系障碍儿童早期识别筛查和早期干预专家共识》，通过孩子的“五不”行为，初步发现孤独症问题。

①不（少）看：指目光接触异常。

②不（少）应：包含叫名反应和共同注意。

③不（少）指：缺乏恰当的肢体动作，无法对感兴趣的东西提出请求。

④不（少）语：多数孤独症孩子语言出现延迟。

⑤不当：指不恰当的物品使用及相关的感知觉异常。

当家长发现孩子存在以上行为时，应尽早带孩子到专业机构进行进一步筛查诊断。

高功能和低功能的鉴别对孤独症干预有帮助吗

家长常常关心孩子的程度轻重，似乎程度轻更有希望。目前在国际上，对高功能和低功能缺乏清晰的公认定义，也没有相应的诊断标准。[①]

在实践中我们也发现，早期程度鉴别并不一定和将来的预后成正比，原因有很多。一是评估时孩子没有配合或者状态不佳，评估者对孩子不了解等因素，都会导致孩子评估结果分数降低；二是因某种能力的阻碍，有些孩子的真实能力无法表现出来，造成错误判断；三是人是复杂的，发展是多维度的，孩子成长过程中会受到很多因素的影响，如家庭、学校、社会等，存在很多不确定因素。俗话说“三岁看大，七岁看老”，但这条经验在孤独症儿童身上似乎不太成立。

所以，功能高低的鉴别对孩子早期的干预没有太大帮助，可能还会误导。

① 引自《这世界唯一的你：自闭症人士独特行为背后的真相》。

孤独症儿童和普通儿童的发展轨迹一样吗

孤独症儿童和普通儿童的发展轨迹、发展影响因素和发展动力都是一样的。其具体表现在以下几个方面。

心理发展的基本规律一致

瑞士儿童心理学家皮亚杰认为，儿童发展经历了 4 个主要阶段，即感知运算阶段、前运算阶段、具体运算阶段和形式运算阶段。

儿童是以固定不变的顺序历经这些阶段，绝对不会跳过或向相反的方向发展。孤独症儿童也是一样。任何干预或训练都要遵循这一发展规律。

遗传、环境、教育相互作用的原理一致

儿童发展是遗传、环境、教育共同作用的结果，不是生理成熟后的自然展现。

科学家发现脑的发育不是完全由基因决定，有其可塑性。早期经验对中枢神经系统学习与存储信息的能力会产生持久的影响。这种可塑性对于特需儿童可以起到补偿作用。

◎ 心理发展的动力一致

儿童心理发展的动力是其内心需求与他们已有心理水平或心理状态之间的矛盾所推动的，这一点所有儿童都适用。

皮亚杰认为儿童的发展是主动的，不是父母、教师等环境因素强加在孩子身上、孩子被动接受的过程。对于特需儿童，我们要做的就是相信他们发展的主动性，尊重并引导。

承认孤独症儿童与普通儿童的共性是干预的第一步。同时要了解他们的障碍，承认其障碍的存在。除《精神障碍诊断与统计手册（第五版）》（DSM-5）描述的两大特征外，有些孤独症儿童伴有感知觉异常，表现为负责视觉、听觉、触觉、运动觉、味觉等的感觉器官对外界刺激的过度敏感或者迟钝，而感觉系统的障碍直接决定儿童的行为模式。地板时光[①]的创始人格林斯潘教授将“感觉—情绪—行为”模式分为以下 4 类。

①孩子对大多数感觉刺激反应过度，表现为注意力容易分散。

②孩子对感觉刺激反应过度，表现为避免与人接触，避免感觉刺激。

---

① 地板时光，一种游戏训练法，通过成人与孩子之间的游戏，来增加孤独症儿童的互动。因多数游戏是家长与孩子席地而坐进行而得名。

③孩子对感觉刺激反应过低，表现为有封闭退缩倾向。

④孩子对感觉刺激反应过低，表现为迫切需要外界刺激，注意力比较分散。[①]

承认孤独症儿童与普通儿童的共性，并尊重他们的差异性，然后给予他们需要的支持（支持部分在后面几章有详细说明），这是我们做任何干预都需要遵循的正确思路。

① 引自《特殊需要儿童智力和情绪发展指南》。

早期干预对孤独症儿童的预后有哪些影响

近年来，越来越多的研究发现，早期发现、早期干预可显著改善孤独症儿童的不良预后。

提高孤独症儿童的社会交往能力，能够帮助他们在语言方面发展技能

加拿大多伦多儿童医院和阿尔伯塔大学医院共同参与的一项研究证明了这一点。他们将最近被诊断出孤独症的365名幼儿（2～4岁）与同龄普通儿童的社会技能和语言发展水平进行了对比。诊断后一年发现，在社会技能方面显著提高的孩子，语言发展方面也显著提高。而语言能力的迅速发展对社会技能的提高没有明显影响。研究中心的首席研究员特里萨·班纳特（Teresa Bennett）指出，了解孤独症儿童如何进步，有助于指导更加有效的干预措施。同时，这也说明为什么有些孤独症患者在成年后

能够自立，而有些患者则需要终生支持。[①]

○ 自理能力是孤独症患者成年期成功的关键因素

对于就业和生活满意度而言，日常生活能力要比孤独症症状的严重程度、语言或智商水平更重要。北卡罗来纳大学的 TEACCH 孤独症研究计划的研究人员调查了 81 名在 1970 ~ 1999 年被诊断为孤独症的成年人(21 ~ 64 岁)。研究结果表明，能够预测孤独症患者成年后是否取得成功的一个最重要指标是，诸如洗澡、穿衣、清洁和煮饭这一类活动的自理能力。成年后能否维持就业的一个最重要的预测指标是他们在日常生活中的基本能力。而就业则与成年期的生活质量息息相关。[②]

○ 实践证明，进行了早期融合教育的儿童有更大的可塑性

有学者研究发现，在早期融合教育环境中，儿童在社会能力和社会化游戏领域取得了显著的进步。儿童社会认知和适应能力的改善很可能是融合教育的最大收获。在多年的实践中，我们也看到了这一点。而这些社会技能方面的成果，正是孤独症儿童成年后直接决定其生活质量的重要因素。

---

① 引自 https：//imfar.confex.com/ imfar /2012/web program//Paper11229. html。

② 引自 https：//imfar.confex.com/imfar/2015/web program//Paper20033. html。

早期融合教育的价值不仅体现在为孩子的未来打下基础，同时也帮助家长及专业人员深入了解孩子的障碍，帮助孩子培养日后适应普通环境所需要的能力。

学业能力好的孤独症孩子，如果不干预对将来会有影响吗

孤独症儿童的障碍并不主要表现在学习能力上。借用日本自闭症协会会长的一句话：不论程度轻重，障碍是相通的。其具体表现在以下几个方面。

学业能力很好，但是可能表现出公众场合规则意识较弱

一个四年级小女生在餐厅吃饭时，不小心弄湿了背心。她感觉不舒服，要当众脱掉背心，被爸爸制止了；爸爸告诉她没有带衣服，回家再换。她很生气，把饮料倒进大家的菜盘里以发泄情绪，并夺门而出，还打了路边蹒跚走路的老爷爷。

学业能力很好，但是处理不好学习压力和学校各种关系，可能会影响学业能力的正常发挥

一个男孩经过努力终于考上了高中，但是他很纠结还要不要上

学，还抱怨没有朋友，感觉很孤单。老师批评他“和 ×× 同学一样，让老师操心”，他一气之下，把饮料扔到老师身上。只是因为老师把他和“坏学生”等同看待。学业的压力，和同学相处困难，对老师的误解等，使得他无法将注意力放在学习上，因为内耗太多，可能影响他考上能力所及的大学。

学业能力很好，但可能情绪调控能力较差

一个男孩有很好的家用电器维修技术，毕业后开了一个小维修部，给邻居们提供服务。邻居们对他的技术很满意。但是男孩在心情不好时经常会砸烂东西，所以总是赔钱。

以上案例，虽然孩子表现不同，但都是以情绪行为的方式表达出来。学习能力好的孤独症儿童，仍然带有 DSM-5 诊断标准中的两大特征。一是社交障碍，不知道如何和周围人相处，尤其是同伴；二是固定思维模式，如上面案例中的四年级小女生，她的想法是衣服湿了就要脱掉。当想法和场合矛盾时，她固守自己的想法。当遇到问题时，他们容易出现行为问题，且情绪调控能力比较弱。

学业能力好的孤独症儿童，其问题容易被学习能力所掩盖，家长可能抱着侥幸心理，想着长大就好了，容易忽视问题，耽误孩子。

听说 6 岁以前是孤独症干预的黄金期，错过 6 岁，干预还有用吗

研究表明，对孤独症儿童的及早干预可以预测较好的结果，但是不能简单推断，如果不及早开始，孩子就没有希望。没有任何证据表明干预的机会在 6 岁关闭。的确，在孩子一生的发展中，有一些敏感时期，比如如果幼年时没有接触过某种语言，长大后再学习这种语言会困难很多。大家知道狼孩的例子，狼孩从小被狼养大，没有人类的语言环境，长大后回到人类群体中学习说话很困难。我们学习外语也是这个道理。

及早干预是要找到正确的方向和适合的干预方案，而不是因为害怕错过所谓黄金期，家长因过度焦虑和恐惧而盲目填充孩子的时间。这样，即便很早开始干预，但是在错误的方向上努力，也会与成功背道而驰。正所谓选择比努力重要，在个案追踪的过程中，我们看到很多孩子在青春期表现出很大的飞跃，这需要家长理智判断，在正确的方向上干预，才会看到理想的效果。

孤独症儿童的语言问题都是认知能力差导致的吗

依据DSM-5关于孤独症的诊断要点，言语和语言发育障碍虽然不再是孤独症的核心症状，却是多数孤独症患儿就诊的主要原因。虽然目前尚无孤独症与言语和语言发育障碍共患的确切报道，但是临床上确实有许多孤独症患儿同时合并言语和语言发育障碍等各类语言发育问题。

语言能力不代表孤独症儿童的认知水平。将近一半的语言很少或者没有语言的孩子，他们的认知能力远远高于他们的语言水平。[①]

认知能力是语言理解的基础，但并不是所有孤独症儿童的语言问题都和认知能力有关。有一定认知能力，没有口语表达或口语表达能力弱的儿童，在训练口语的同时可以开发其他沟通渠道，如通过照片、图片、文字等辅助性手段支持孩子进行社会沟通。有的家长担心，这样会削弱孩子学习说话的动机。学习说话的动机来源于沟通的成功体验。研究表明，孩子与人互动、建立关系越成功（无论是否用口语的形式），越有意愿与人沟通，也越倾向更多地使用口语。同时，成功的社会沟通有助于儿童情绪调节处于良好状态。

① 引自Bal V.H.et al .J. Child Psychol. Psychiatry 57，1424-1433（2016）Pub Med。

如何看待孤独症儿童的自我刺激性行为

家长常常担心孩子的自我刺激性行为会引起别人的异样眼光，所以对孩子的这些行为比较敏感，急于纠正。

我们每个人都会采用一些特定的方法让自己处于一种良好的情绪和身体状态，比如心情不好时，吃甜食、购物、聊天等。同样的道理，很多孤独症儿童通过自我刺激性行为让自己感觉舒服，保持适当的觉醒状态。比如，为了避免噪声的干扰，有些孩子会采用自我刺激性行为回避环境中的超负荷刺激，这时降低环境中的噪声是最有效的干预方法。有些孩子为缓解学习压力、放松自己，也会出现此类行为，这时出现的行为是不应该被打扰的。

如果孩子过度重复这类行为，或者行为引发伤害、遭人误解，那么就成了问题。比如小朋友上课时，孤独症儿童因无法融入而引发自我刺激性行为，影响其他小朋友上课，这时老师要支持他参与课程，就可以达到减少自我刺激性行为的目的；公交车上，孤独症儿童因为无聊也有可能发生自我刺激性行为，这时家长可以引导孩子看看外面的风景或者给孩子一些喜欢的玩具打发无聊的时间。通过这些替代性行为的引导，帮助孩子提高自我调节能力。如果行为偶尔发生，不影响别人也不影响自己，没有干预的必要性。

因此，如何看待孩子的这些行为，表现出是站在孩子的角度理解他，还是看着不顺眼想改造他，是否干预、怎样干预都取决于孩子行为背后的原因，找到原因才是关键。

刻板性行为和探究性行为有什么区别

3 岁的毛毛从玩具区选择了一个玩具房子，但是不知道怎么玩。经过反复摆弄，他发现有个门，试图打开，但是没有成功。他把玩具翻过来掉过去，折腾了好一会儿，发现门旁边的绳子上拴了一个像钥匙一样的东西。于是，他把这个东西插进了门上的洞洞里，门开了。他很开心，不停地开门、关门。这时妈妈看见了，一把将玩具抢过来，孩子恋恋不舍，和妈妈争夺起来。妈妈说："不好好玩，在这里浪费时间。"于是，妈妈从图书角里拿出一本书，给孩子讲述书中的内容。见孩子眼睛仍然盯着刚才的玩具，妈妈生气地扳过孩子的头，严厉地说："看书！"妈妈认为孩子对玩具的摆弄是刻板行为的表现。

家长们对孤独症儿童的重复性行为（刻板性行为）都很头疼且敏感，尤其是刚被确诊的自家孩子。他们通常的做法是马上制止。儿童的正常探究性行为也有重复的表现，可能家长无法分辨。如果盲目制止，会制约孩子的发展。探究性行为和刻板性行为最大的不同在于前者追求结果，后者追求重复本身；探究性行为是变化的，刻板性行为比较固执。家长需要耐心观察判断，珍惜和保护孩子对事物的探究性。

美国精神医学学会在2013年出版了《精神障碍诊断与统计手册（第五版）》（DSM-5），关于孤独症儿童的重复性行为的定义是受限和重复的行为方式、兴趣、活动，表现为暂时或曾经有至少下面两项（举例，非全部）。

①刻板或重复的动作、物体使用或语言（比如简单的刻板动作，将玩具排列成行或拍击物品，自言自语，特殊用语）。

②对同一性的坚持，对常规事物的固执，或语言/非语言行为的仪式化形式（比如对微小改变的极端痛苦，过渡转换困难，僵化的思维方式，打招呼的仪式化程序，每天需要行走同样路线或进食相同食物）。

③高度受限、固定的兴趣，在强度或注意点上不同寻常（比如对特别事物的强烈依恋或全神贯注，过度局限或执着的兴趣）。

④对感觉输入的高反应性或低反应性，或对环境在感觉方面有异常兴趣（比如，对痛觉/温觉的明显不在意，对特定声音或质地的不良反应，过多地嗅或触摸物品，对光线或运动物体的视觉着迷）。

孤独症会伴随智能障碍和多动吗

智能障碍和孤独症是两个高度共患的发育障碍。智能障碍是由于各种原因导致的 18 岁以前出现的智力显著落后，同时伴有社会适应行为的显著缺陷。在既往报道中，典型孤独症共患智能障碍的比例高达 75%，而目前的比例也有约 50%。根据我们多年的实践发现，孤独症儿童的智力障碍不同于普通的智商低，多数儿童表现为能力发展不均衡，比如同一个孩子可以表现出数学能力超常但语文能力很弱，音乐能力超常但学业能力很弱等。所以 IQ 分数可能不能代表孤独症儿童的智商。

多动、冲动以及注意缺陷多动障碍（ADHD）的核心症状在孤独症患者中发生率很高。有相关文献报道，孤独症共患注意缺陷多动障碍的比例为 41% ~ 78%。美国国家孤独症数据库显示，约有 20% 的患儿在被确诊为孤独症以前，曾被诊断过注意缺陷多动障碍。对于许多孤独症患儿尤其是具有高功能特点的患儿来说，注意缺陷、多动、冲动的症状对他们的影响有时甚至超过了孤独症本身的症状。根据我们多年的实践发现，导致孤独症儿童的多动表现原因很多，不同于简单的 ADHD，要具体问题具体分析，找到原因是关键。[①]

---

① 引自《中华儿科杂志》。

如何理解对孤独症儿童的过度干预

有家长认为，干预时间越多效果越好。干预时间太少会影响干预效果，但对干预效果产生影响的因素很多，干预时间并不是确定干预效果的唯一指标。单纯强调通过干预时间达到干预效果，用各种课程填充孩子的时间，大人、孩子都很疲惫且不可能长久。家长过度焦虑可能导致干预过度。这种做法的更大风险在于可能会忽略孩子干预方案的完整性和真实生活的丰富性。

干预效果取决于和孩子的生活是否有意义的关联。也就是说，干预是否有效，取决于孩子生活能力是否提高，干预的目的是提高孩子的实际生活能力。避免干预和生活脱节，寻求整体解决方案并选择合适的干预方法，才是孩子将来应对生活所需要的。方案的整体方向、具体目标和方法策略都应该适合孩子的需要。很多家长通常会同时选择几个机构的课程，无形中形成一个团队的干预模式，而干预方案的完整性需要对团队进行整合，确保大家统一，只有统一才可能见效。关于具体的整合方法详见第三章。

另外，有限的干预时间应该用在哪里？我们常说改变那些可以改变的，接纳那些不能改变的，重要的是用理智分辨二者。当然，家长希望可以改变的越多越好，不能改变的最好没有。但家长应该理性对待这件事情，把精力、财力和时间放在那些可以改变的地方，随着孩子的进步，家长学会逐渐树立信心。把握好可控的部分，你会发现可控的部分也在扩大。这是事半功倍的做法。

孤独症能治愈吗

关于孤独症是否能治愈的话题一直备受家长关注。2013 年的一项研究发现，长期以来，只有极少数的儿童能够摆脱《精神障碍诊断与统计手册（第五版）》（DSM-5）中对孤独症症状的界定，同时指出没有哪一种方法可以预测和解释哪些孩子因何种原因得以痊愈。在这里，痊愈被定义为“孤独症症状”减少到不足以确诊的程度。然而即使是那些拥有充盈人生的最成功的孤独症谱系障碍人士（天宝・葛兰汀、斯蒂芬・肖、迈克・约翰・卡莱等），在享受成功的职业生涯、活跃的社交生活，甚至组建家庭、生育孩子的同时，也并不认为自己已经痊愈。①

无论是否符合孤独症的诊断标准，都可以享受高品质的生活，与是否治愈没有密切的关联。但凡家长把痊愈当作干预唯一追求的目标及衡量疗效有无的标准，尤其是那些盯着孩子行为问题的家长，他们无一例外会背负上情感和经济的双重重担，且孩子也会体验到紧张和焦虑。

① 引自《这世界唯一的你：自闭症人士独特行为背后的真相》。

阿斯伯格综合征是孤独症吗

1944 年，维也纳医生汉斯 · 阿斯伯格临床发现有些孩子具有一些非常相似的个性特征和行为表现，他将之称为“童年孤独性人格障碍”。后来英国著名精神科医生洛娜 · 温发现，有越来越多的孩子和成人的表现有别于孤独症，第一次提出用“阿斯伯格综合征”这个名称，并一直沿用至今。

2013 年，美国精神医学学会出版的《精神障碍诊断与统计手册（第五版）》（DSM-5）将阿斯伯格综合征归入孤独症谱系障碍。

目前，阿斯伯格综合征和高功能孤独症在临床实践中是可以互换的，至今还没有令人信服的论点和数据可以认定他们是两种独立、不同的病症。[①]

笔者将孤独症 DSM-5 和阿斯伯格综合征 DSM-4 进行了比较，后者与前者的主要区别在于：在临床意义上没有显著的语言迟缓；在认知发展方面，在符合其年龄范围的自理能力和适应性行为（除了在社会互动中）的发展上，以及童年时期对外界表现出的好奇心方面，都没有临床意义上的显著迟缓。

① 引自《阿斯伯格综合征完全指南》。

第二章

你了解融合教育吗

什么是融合教育

○ 融合教育只是提供普通环境吗

有家长认为，孤独症孩子只要进入幼儿园，经常和小朋友在一起，自然就好了。也有老师认为家长要的就是给孩子提供一个普通的环境。这样的认识可能导致孩子随班混读。我们经常会看到：上课时，他们身体坐在座位上，脑子已经完全游离；有的孩子在教室里到处走动，影响其他小朋友上课，被生活老师带到室外玩滑梯；操场上，小朋友玩得不亦乐乎，而孤独症孩子可能独自待在角落里。面对这些问题，普教老师在不了解的情况下，通常以保证孩子安全为主旨，采用忽视或者带离以保障其他小朋友正常上课。孤独症儿童的障碍不会因为经常和小朋友在一起就自然好了，而是需要老师的支持。否则，他们无法融入班级活动中，对他们的康复实际是一种延误。

○ 融合教育是强调孩子自身的适应，优胜劣汰吗

有家长认为把孩子送到幼儿园，就要达到和其他小朋友一样的要求，否则怎么上学呢？也有家长存在侥幸心理，认为孩子训练好了，去幼儿园就能和其他小朋友一样了，所以要求老师一致对待。这样做的结果是，老师不了解孩子的障碍，要求一致，导致孩子焦虑甚至出现自伤或攻击行为。我们在幼儿园看到，为了不影响其他小朋友上课，有的孤独症儿童被老师紧紧抱着，不让其挣脱，就是出于这样的认识。当老师无法控制，孩子出现自伤或攻击行为时，孩子可能面临被劝退或者被完全忽视。不考虑孩子的障碍，强调孩子自身的适应，这样的“融合”会给孩子带来伤害。

○ 什么是融合教育

1994 年，在西班牙萨拉曼卡市召开了世界特殊教育大会，颁布了《萨拉曼卡宣言》，会议第一次提出融合教育的思想。宣言强调，每个儿童都有受教育的权利；教育要考虑孩子的个别差异性，特殊儿童不仅要有机会进入普通学校，且学校要满足他们的特殊需要。

融合教育强调孩子和学校的双向适应，强调普通教育要做出调整。学校要提供“最小限制的环境”和“最大程度的支持”，帮助特殊需要儿童在学校活动中有参与、有进步。

最小限制的环境是指对孩子的任务、要求，要考虑孩子的障碍、个体差异性和现阶段的发展水平，不能以普通教育标准为参照。比如上面例子

中提到的，为了不影响其他小朋友上课，孤独症儿童被老师紧紧抱着，不让其挣脱就是最大限制。限制是需要的，但是没有考虑孩子的障碍，超出了孩子的能力范围，就是违背融合教育的，对孩子是伤害。

最大程度的支持是指对于孩子的障碍充分了解和接纳，通过对普通教育环境、班级氛围、教学以及评价标准等作出调整，给予孩子需要的支持。从这个意义上说，提供最小限制的环境也是一种支持。比如，因上课参与不进去而离开座位的孩子，我们要对其参与给予支持。具体做法是：将单纯讲课形式调整为视频课件，提高孩子的兴趣；授课中间穿插操作环节，动静结合，调节孩子注意力，增加参与机会；视孩子能力调整对他的任务要求，包括在孩子力所能及的范围内，允许无法安坐的孩子离开座位等。

如何理解支持

支持是照顾吗

强强是个 5 岁的孤独症男孩。奶奶担心强强上幼儿园会被小朋友欺负，于是告诉老师多照顾一下他。幼儿园为此专门派了一个老师陪着强强。小朋友玩滑梯的时候，老师怕强强被小朋友冲撞，领着他远离大家到旁边玩；下课的时候，老师领着强强去洗手、喝水、上厕所；睡觉的时候，老师陪着强强一起睡。强强上了一年多的幼儿园，没有明显的进步，反而更依赖老师了。

其实，老师对强强的照顾是过度保护，剥夺了他参与集体生活的机会。这不是支持，是隔离型教育。孤独症儿童的问题不是弱小，想要帮助他们不是把他们视为低幼儿童保护起来，阻碍他们进步。

孩子学习能力好，需要支持吗

朵朵，5 岁。在幼儿园，老师经常让朵朵给小朋友讲故事，教小朋友算数和认字。一次，上画画课，朵朵忘记带彩笔了，开始大哭不止。这时有几个小朋友主动借给她笔，老师也过来安慰她，都无济于事，她整整哭了 3 小时。

朵朵的障碍不是表现在学习上，而是不能接受变化。忘记带彩笔对她来说是变化，只要不在她的预料之内发生的都是变化，是突发事件。喜欢固定规律性的事物，不愿意接受变化是很多孤独症儿童的特点。

学习能力好不等于没有障碍，有障碍就需要支持。对于朵朵的支持表现在接纳她的特点，将上课大哭行为理解为是障碍所致而不是破坏纪律的错误行为。

◎ 孩子学习能力不好，陪读能解决支持问题吗

皮皮，3 岁，上幼儿园小班。因为孩子情况特殊，幼儿园要求家长请陪读老师。陪读老师很负责任。因为有了陪读老师，老师们很少操心皮皮。小朋友们问老师："为什么皮皮有人陪？我也要爸爸妈妈来陪。"老师回答："谁要是不听话，就让你们家长来陪。"

陪读老师的加入容易给普教老师造成误解。一是认为皮皮需要有专人负责，自己又不专业，形成和陪读老师责任划分的局面；二是不清楚皮皮的障碍，认为可能是家庭教养方式不当造成的不良行为习惯，会用负面态度看待障碍，影响全班小朋友对皮皮的评价。

普教老师应创设班级接纳的氛围，同时普教老师和特教老师应是合作

关系，孩子不应由特教老师专门负责。特殊需要儿童也是集体中的一员，也应属于普教老师的职责范围。普教老师是班级的灵魂，陪读不能替代普教老师的功能。所以，没有支持环境为基础，陪读老师的作用是非常有限的。

○ 如何理解支持

承认孩子的障碍并接纳是支持的前提，没有障碍就不需要支持。家长容易出现的问题是不愿意承认孩子有障碍，希望通过干预而改变现状。普教老师的误区在于不了解孩子的障碍，认为是孩子的态度问题，是不良家教导致的。

【案例】

豆豆，3 岁，上幼儿园小班。豆豆存在上课走神、不理解上课内容的问题，于是主班老师安排生活老师辅助豆豆。生活老师很负责任，一刻也不离开豆豆。豆豆上课走神的时候，生活老师提醒他注意；看到豆豆注意听的时候，生活老师担心他不理解，抓紧时间给他讲解。没过多久，豆豆离开座位的频率明显增加，变得更不听话了，老师认为豆豆的孤独症特征更加明显了。

生活老师的支持“过度”了，过度支持就是限制，这种做法直接导致豆豆离开座位的频率增加。支持的关键在于孩子获得支持后参与活动的频次增加，而不是我们认为的给予了“支持”。

【案例】

朵朵是个对变化很不适应的女孩。老师为了方便照顾她午睡，把她的小床安排在睡眠室门口。一天，因为值日生小朋友把床放错了位置，导致朵朵大哭。不久，班里新来了一个小朋友，老师决定把朵朵的床换到里面，并提前告诉了她。老师解释说："新来的小朋友中午睡觉不好，老师要照顾他，朵朵已经可以自己睡觉了，优秀的小朋友都不睡在门口。"虽然朵朵感到不舒服，但是想到老师表扬自己优秀，也就欣然接受了，还不停嘀咕着："表现不好的小朋友才睡在门口呢！"

老师的支持体现在理解朵朵的障碍，但并不刻意照顾朵朵的障碍，给她创造更多的机会适应环境。老师运用了两个策略：一是提前告知朵朵小床位置的变化，让朵朵有了心理准备；二是告诉朵朵在老师心里她是一个优秀的孩子，缓解朵朵对位置变化的焦虑，同时增加了朵朵的自信。

因此，正确理解支持的结果是孩子在老师的支持下成功地参与了更多，过度"支持"和迎合障碍都是不了解孩子需要的表现，给予他们需要的支持才是有效的支持。正如豆豆的障碍是上课参与不进去，离开座位只是表现，豆豆需要的支持是帮助他参与到课堂中。需要注意的是，孩子参与的程度要符合现阶段的能力需要，步伐太快，会适得其反。像案例中朵朵的障碍是不接受变化，想变得优秀是她的需要，为了优秀而接受变化是朵朵愿意付出努力的。

融合教育对普通儿童有什么影响

有些普通孩子的家长担心，自家孩子可能模仿那些有问题的孩子，会不会学坏；也有家长担心自家孩子帮助特需孩子会影响学习和进步。那么，班级里有孤独症等特殊需要的儿童，到底是资源还是负担？对普通儿童是耽误还是帮助？多年的实践证明，双方都是融合教育的受益者。

班上来了特需儿童，会对普通孩子有不好的影响吗

【案例】

球球上课有点坐不住，同桌可可有时还会被球球“骚扰”，比如摸摸可可的衣服，闻闻可可的头发，通常情况下可可都会安静地把他的手放回去。老师交给可可一个任务，提醒球球写作业，交作业。可可是个负责任的小女孩，她总能有办法让球球按要求做到。时间长了，球球最听可可的话。

可可的学习不是很好，但是老师说让她辅导球球学习，这让可可变得更加自信了，学习也有了进步。可可的收获不仅是学习上的，更

重要的是自信。这可能是在与其他小朋友交往中很难获得的。可可用真诚、善良和智慧获得了球球的信任，同时球球的态度和行为以及老师的肯定也激励了可可，让可可从学习不太好的自卑中走出来，反作用于学习。这对可可未来的成长是有益的。

【案例】

恒恒的数学成绩很好，还很喜欢玩扑克牌，但是苦于没有同伴，经常因为一点小事就发脾气。彬彬是恒恒的同班同学，刚转学过来，没有上过幼儿园，性格腼腆。老师安排恒恒和彬彬坐在一起。恒恒教彬彬玩扑克牌，彬彬有不会的数学题也去问恒恒。恒恒很有耐心，彬彬学得再慢也不会嘲笑他。不久，老师们发现彬彬变得活跃了。因为有恒恒的存在，彬彬变得自信了。因为有彬彬的陪伴，恒恒也变得情绪更加平和、快乐。

大量的调查结果表明，普通儿童的学业并不会因为被安置在有特殊需要儿童的班级里而受到负面影响，反而可能做得更好。孤独症儿童不一定都扮演被帮助的角色，他们也可以成为帮助别人的人。融合教育对孤独症儿童是否产生正面影响关键取决于老师的引导。

【案例】

自从孤独症小朋友朵朵进入大班后，她超人的记忆力和学习能力让小男生磊磊嫉妒不已。以前磊磊是老师的小助手，现在老师把一部分任务交给朵朵完成，磊磊心里很不平衡。他故意弄坏朵朵的彩笔，弄脏朵朵的画纸，甚至还在朵朵漂亮的白色衣服上乱画，他的行为遭到了老师的批评。老师们都说，这对磊磊是件好事，他需要一些挫折。

特殊需要儿童也是班级的重要资源，融合教育带给普通儿童的好处是多方面的。

我们在强调特殊群体的不同，以及他们对别人造成的不良影响的同时，也是在向普通儿童传递价值观，告诉他们如果在弱势群体面前强调自己的优势，这对他们是不公平的。“和而不同”是文明社会应有的样子。

◎ 融合教育能带给普通儿童什么

弱势群体是一种客观存在，在融合教育环境中，我们应该告诉普通孩子，特殊需要儿童是班级的一分子，他们需要帮助，我们每个人都有责任帮助他们。

【案例】

豆豆一直在机构训练，5岁才进入幼儿园中班。刚上学时，因为环境陌生，豆豆很紧张，他不停地晃手，偶尔还会叫喊。豆豆的行为举止招致小朋友们经常回头看，有淘气的小男生还会学他的叫声和动作。主班老师和家长深入沟通后，向小朋友们提了一个问题：“你们害怕的时候会怎样？”小朋友们七嘴八舌，回答得五花八门，如“逃跑”“喊救命”“哆嗦”等。老师总结道：“所以豆豆晃手、叫喊都是因为害怕。”并且老师引导小朋友们思考：“我们怎样帮助豆豆让他不害怕呢？”最后，在老师和小朋友的帮助下，豆豆很快适应了环境。

在老师的引导下，小朋友们从对豆豆的好奇、模仿，到安慰、帮助，这种转变不仅让豆豆不再害怕，放松下来，也让小朋友们感同身受，站在别人的角度理解其行为，获得了看待“不一样”的人生态度，这是多么重要的人生经历！

【案例】

一次幼儿园家长会上，因为孤独症孩子咬了小朋友，家长道歉并公开了孩子的诊断结果，一下子引起了轩然大波。有的家长责怪园方没有事先告知，否则不会选择把孩子送来。还有些家长把在网络上看到的关于孤独症的不实宣传当作说辞，引起家长们的恐慌。其中有一位家长，是个中学老师，她说：“在中学，类似事件也会发生，很正常。班上有这样一个孩子，我觉得对我的孩子是个成长的机会，可以帮助她理解世界本来是多元化的，学习了解、理解、包容和合作，这是将来社会需要的。我愿意我的孩子和他做同桌。”

我想这应该是融合教育带给普通儿童的最大收获，这会让孩子们受益一生。

可以照搬其他融合教育的模式吗

2016 年，我和朋友去台湾省参观学习。特殊需要的孩子们从特教班、资源班到融合班，从评估到转介，都有完整的支持体系。我还参观过日本类似的服务机构。这些成型的融合教育支持体系，他们实践了那么多年，能不能照搬过来呢？答案是否定的。因为我们没有承载这个支持体系的土壤，搬过来会水土不服。这就是我们强调的融合教育必须本土化。

地区差异化导致融合教育必然多样化。每个地区的政策、教育环境、老师和家长的认知、社会认知度等因素，都直接决定当地融合教育的特有模式和发展进程。例如，我国相关法律早就规定，特殊儿童入学要求零拒绝。但是，政策在全国各地的落实情况参差不齐，有的地区学校设有专职资源教师给予孩子支持；有的地区不允许影子老师进入学校，完全靠孩子自己适应；有的地区学校以各种理由劝退学生。因此，融合教育本土化的探索还有很长的路要走。尽管如此，多年来，我们也欣喜地看到，有越来越多的学生在当地融合教育环境的支持下，在家长、老师和自身的共同努力下完成了学业，并利用当地特有的融合方式，顺利步入社会。

融合教育从孩子几岁开始？我的孩子还没到上幼儿园的年龄，融合教育和我有关系吗

有家长错误地认为，孩子上了幼儿园才可以开始接受融合教育。融合教育是方向，不是特指幼儿园和小学，是指向孩子未来的生活。从孩子被确诊的那一刻开始，家长就要树立融合教育的观念。家长们应该从生涯教育的角度考虑孩子现阶段的训练内容，为孩子将来的生活打下良好的基础。只有这样，才能保证教育的连续性，干预的有效性，才能真正帮助孩子过上有质量的生活。

有些家长着急解决眼前的问题，而忽视教育方向，这样很容易走弯路。一位家长反思道："我最大的困惑是，虽然学习了一些方法，但这些方法是否对孩子好，是否适合，我并不清楚。家长希望自己所做的事不仅是为了在短期内看到孩子某方面的进步，更重要的是要对孩子的长远发展有帮助。我们可能会做一些对孩子当前有帮助的事，但从长远来看，对孩子并没有好处。"

我们要提醒家长朋友们：着眼生命全程教育，把握早期教育方向，助力提高孩子成人后的生活质量。

融合教育中的成功个案可以复制吗

今年，我有个学生结婚了。有家长问：“他小时候是什么样子？”也许他会在心里比较一下，自己的孩子有没有这个可能性。结论是成功个案很难复制。

第一，个体差异太大。我与孤独症打交道30年，没有见过一模一样的孩子，每个学生都是新课题。

第二，成长环境差异太大。孩子的成长环境包括家庭环境、学校环境、社区环境等。家庭环境中，家庭氛围，亲子关系，家长的学习能力和沟通、支持能力都是重要的影响因素。学校环境中，老师对孩子的了解和接纳程度，给予孩子的支持程度，学生对学校活动和学习的参与程度，与同学和老师的关系等因素都会影响学生对学校的归属感。还有，在社区环境中被接纳和受欢迎程度也是重要的影响因素。

综上所述，既然复制不可行，我们为什么还要学习别人的经验呢？成功没有标准，对于成功的定义，我的理解是，孩子们过上他们自己满意的生活。我们所有人的努力、所有的付出都是助力孩子实现这一目标。这才是我们需要期待和努力的方向。

第三章

融合教育如何实施

早期融合教育对幼儿园的环境要求有哪些

什么样的幼儿园适合孤独症儿童

不是所有的幼儿园都适合孤独症儿童。那什么样的幼儿园适合呢？有的家长在选择幼儿园时，首先考虑的是孩子上小学后能否进入优质学校，希望幼儿园能够和小学衔接。

2005 年起，我先后和不同类型的幼儿园合作，根据合作经历，结合个案追踪的经验，总结出以下几点供大家参考。

第一，园长的态度

园长是否有融合的理念决定了幼儿园老师对孤独症儿童的态度和家长与之沟通的效果，尤其是当孩子出现问题时。接收不等于接纳。这与园长的理念和信念有关，与是否有特教背景无关。

第二，办园特色

对于刚进入幼儿园的孤独症儿童来说，因为他们没有集体生活经验，进入纪律要求高、学习压力大、管理严格的幼儿园，会增加孩子的适应难度。

第三，课程设置

孤独症儿童不适合参与以学业为主的密集性课程学习，因为较高强度的学习孩子无法参与进去，会让孩子感到无聊，问题行为会随之增多。传统幼儿园课程是按照幼儿园教学大纲规定的五大领域（健康、语言、社会、科学、艺术）设置的，其内容丰富，动静结合，可综合提升儿童各方面能力。这样的课程比较适合孤独症儿童，也容易和普通小学接轨。

第四，教学形式

孤独症儿童适合统一组织、管理有序的教学形式，不适合无序的自主选择。蒙氏幼儿园强调孩子自主选择玩具，而没有自主选择能力、操作玩具能力较弱的孤独症儿童需要老师的个别引导；孤独症儿童执迷于自己喜欢的玩具，如数字、拼图等，如果没有老师干预，帮助其扩充玩具种类和玩法，也无法达到干预效果。

第五，其他

除以上主要因素外，在选择幼儿园时还要考虑师资的稳定性、班级人数、儿童来源、地理位置等因素。孤独症儿童适应力较弱，不适合去教师流动性太频繁、班级人数太多的幼儿园。普通住宅小区的配套幼儿园，民风朴实，还有经常见面的邻居，出现问题时比较容易协调；高档小区的幼儿园，可能家长协调难度更大。

孤独症儿童不易接受变化，对环境的适应比较慢，幼儿园一旦确定不宜频繁变换，因此要谨慎选择。

○ 园长做好准备了吗

融合教育过程中，园长可能会受到来自普通家长、老师、孩子等各方面的压力，对孩子是支持还是放弃，实则是在考验园长是否具有融合教育理念。

【案例】

宝宝进入幼儿园中班，紧张的时候偶尔会掐人，有一次他咬了旁边的小朋友，家长找园长投诉，园长建议开个家长会，让宝宝妈妈和其他家长说明情况。宝宝妈妈声泪俱下，回忆了带大孩子的艰辛。家长们都很同情，但是当他们听到“孤独症”三个字时顿时炸了窝，纷纷议论起从网上看到的各种关于孤独症的不实宣传，并声讨幼儿园没有提前告知。园长很为难，宝宝只能退园。

丁丁在一所幼儿园学习，由于上课时经常离开座位，被家长集体投诉。园长说：“你们的孩子都很聪明，去哪个幼儿园都可以。但丁丁情况特殊，他离开这里可能就没有幼儿园接纳他了。你们可以走，但丁丁不行。”随后，园长请丁丁妈妈给家长讲述了丁丁艰辛的成长过程和性格特点，以及与他相处的方法。丁丁妈妈的真诚感动了家长们，最后除了一个家长坚持转学，其他孩子都选择了留下。

同样都是接收孤独症儿童的幼儿园，上述两个案例中的园长在面对问题时的处理态度是不同的。丁丁的园长面对质疑采取的坚定态度来源于对融合教育理念的理解，以及对幼儿园教育的自信。接收不等于具备融合教育理念，理念是信念，体现在处理问题和解决问题的过程中。

◎ 普教老师接纳的态度如何体现

普教老师是班级的灵魂，他们对孤独症儿童的态度直接决定班级其他小朋友的态度。是否把孤独症儿童当作班级的一员，是融合教育能否取得成效的重要前提。在与普教老师的交流中我们发现，普教老师容易陷入两个误区：一是认为孩子大脑有问题，怎么干预都没用；二是认为孩子缺乏行为规范，与家教有关。

因此，帮助普教老师了解和接纳孤独症儿童非常重要，让普教老师明白既不能僵化地看待孩子的问题而否认他们的发展，也不能强调改变而不考虑其障碍。

【案例】

明明入园时，张老师是这样向小朋友们介绍他的："今天，我们班新来了一个小朋友，叫明明。他动作没有你们灵活，大家要等着他，不能推他走；有些话你们得多说两遍他才能够听明白，当他不懂的时候，要耐心解释给他听。大家要帮助他。我看看哪个小朋友最爱帮助人，老师最喜欢帮助别人的小朋友。"

张老师的介绍，传递了老师接纳的态度，不仅有利于创建友爱的班级氛围，还引导小朋友学习如何与明明相处。张老师帮助明明很快消除了对陌生班级的紧张和焦虑情绪，同时也培养了小朋友对同伴障碍的支持态度，并提供有效策略。

【案例】

在分享阅读课上，老师讲道：“大象和其他小动物们都上了吊床，树折了，小动物们摔下来了。”听到小动物们全身绑着绷带，躺在病床上，小朋友们都大笑起来，可嘟嘟却哭了，而且哭得很厉害。老师不得不停下来，用询问的眼神看着辅助老师。辅助老师轻轻地说：“当真了。”老师对小朋友们说：“嘟嘟伤心了。他觉得这么多小动物躺在病床上，多疼啊！嘟嘟特别有爱心，对小动物有同情心。”听老师这么一说，小朋友们渐渐地都不笑了，嘟嘟的情绪也慢慢平复了。

由于孤独症儿童的特殊性，他们有时会触景生情，联想起过去的某些经历，引发情绪反应，客观上造成了对课堂秩序的影响。辅助老师适宜的解释，普教老师的充分理解与恰到好处的处理，充分体现了尊重、接纳和双向教育。全体孩子都是受益者。这就是接纳，这才是真正的融合教育。

老师的态度决定孩子的行动。曾经有小朋友指着一个孤独症儿童，对妈妈说：“他是特教班的，老师说不听话的孩子就去特教班。”老师的这种错误引导在孩子幼小的心灵中埋下了歧视的种子。我们也经常看到建立支持环境的班级，面对突发情绪的孤独症儿童，小朋友会学着老师的样子关切地问：“你怎么了？是不是又忘记带东西了？”普教老师的灵魂作用不仅体现在对孤独症儿童的态度会影响班级接纳的氛围，更会影响孩子们的一生，无论是普通儿童还是特需儿童。

◎ 教师如何引导同伴支持

在融合环境中，最有力的影响就是同伴示范。普通儿童是班级中最大的支持来源。教师的引导是影响普通儿童和特殊需要儿童间社会互动的重要因素。研究表明，融合环境中的特殊需要儿童有较佳的社会能力、沟通能力，能和普通儿童建立友谊关系，产生较佳的社会互动。其中教师是否给特殊需要儿童和其他儿童接触的机会，对他们的互动是否提供系统的策略、引导与协助，都起着决定性作用。但不是所有的同伴都适合支持特殊需要儿童，老师要对同伴有所选择；支持方式也不是以同伴自然组合的方式，而是要对同伴做引导，否则不是支持，可能是伤害。

【案例】

做操时，廷廷经常不排队，在操场周围溜达。老师安排几个小男生去叫他，小男生“蜂拥而上”，把廷廷架了回来。廷廷吓坏了，表示不想来幼儿园了。第二天，班主任老师选择了一个小女生去叫廷廷。只见小女生没有急于叫廷廷回来，而是静静地陪着廷廷走了几乎半个操场，然后对廷廷伸出手，廷廷拉着她的手，乖乖地跟着她一起走回班级。

我们看到，同伴不同，做法不同，效果也完全不同。小女生的成功告诉我们，廷廷可以遵守要求，前提是以他可以接受的方式。小男生的“蜂拥而上”加剧了廷廷的恐惧，让他因恐惧更加远离集体。小女生的成功取决于是否站在孤独症儿童的角度考虑他们的需要，否则可能不是支持而是伤害。

○ 如何引导普通家长接纳孤独症孩子

幼儿园可能会担心，招收孤独症儿童会招来普通家长的质疑或反对，影响幼儿园招生，做普通儿童家长的思想工作很难。其实，教师做好班级的环境建设，引导小朋友以支持的态度对待孤独症儿童，以平常心看待每个人的不同，通过小朋友反向作用于家长，普通家长的思想工作就会变得容易得多。我们多年的实践证明，这样做是事半功倍的。

有个孤独症儿童在班上出现问题后，家长们纷纷投诉，班主任老师召开班会，征求小朋友们的意见。小朋友们纷纷发言，表示不同意让孤独症孩子退园，家长也就作罢了。我们曾看到，在文艺演出时，孤独症孩子在台上不知所措，有普通家长主动上去安慰，就像对待自己的孩子一样，他们感慨："特殊家长多不容易啊！"

因为对孤独症不了解，普通家长担心自己的孩子受到不好的影响。看到不同孩子在老师创建的包容的班级环境中都获得了成长，家长们也就放心了。孤独症儿童是班级的宝贵资源。一位家长说："将来的社会需要知识，更需要具备合作能力。孩子们没有机会接触社会，无法体验社会的多面性，我愿意我的孩子和孤独症儿童做同桌，让他学习包容别人的同时也学习接纳自己的不足，社会发展需要高素质人才，家长需要与时俱进。"

○ 普教老师如何与孤独症儿童家长沟通

有专家指出，造成教师和家长间合作障碍的因素来自社会、教师和家长三个方面。

教师方面：

①教师认为家长应为孩子的不良行为表现负责任，导致家长有压力，产生逃避心理。

②教师认为他们知道什么对孩子是最好的，而不愿意接受家长的意见。

③教师时间有限，工作量过大。

④教师无法了解部分家长面临的问题有多严重，且未能提供解决策略。

沟通的前提是彼此信任，达成相互支持和合作。在实践中我们发现，幼儿园老师的最大误区是以普通孩子的视角看待孤独症儿童的问题，认为孩子的问题是家教问题，是不良行为习惯。孤独症儿童的问题是其障碍所致，不是故意为之。因此，老师要避免先入为主，因过早下结论而影响沟通效果。

普教老师在与家长沟通时要注意以下几点：

第一，理解家长的苦衷，不追究孩子的诊断结果。有些家长对坦率告知孩子的诊断结果是有顾虑的，担心孩子被另眼相看，被当作另类进行特殊安排。老师多关心孩子，耐心帮助孩子，老师的真诚与努力，家长都会看在眼里。

第二，理解家长的苦衷，不以告状的形式向家长反映问题。孩子出现问题时，对家长给予安慰，他们会感觉温暖；和家长一起想办法解决，会提高家长的信任度。避免让家长认为孩子没有希望，对未来失去信心。

第三，增加对孩子的积极关注，反馈正面信息；给孩子提供更多平等参与机会，不仅对孩子是有益的，同时也会提高家长的信心和信任度。曾有一位家长流着眼泪说："老师上课的时候让孩子当小狐狸了，孩子兴奋得眼睛放光。"老师的一个小举动给了家长温暖和希望。

第四，幼儿园老师也会遇到不愿意承认孩子有问题的家长，一是策略提醒，二是给家长时间接受。有位家长告诉我，老师反映孩子在园的问题，后来得知是孤独症的三大诊断标准。孩子在家和在园的表现不同，有些孩子的问题是幼儿园老师发现的。当然，也不能排除有些家长存有侥幸心理，不愿意面对，那就给他们时间吧！

幼儿园融合模式有哪些

融合教育是否有效，取决于个性化的融合模式和有针对性的要求。根据多年的实践总结，我们将融合模式分为课程融合、资源班和随班融合。不同的孤独症孩子在不同的发展阶段，融合模式应有所不同。

课程融合

课程融合即个别课程在普通班上，大部分课程在特教班上。以特殊训练为主，幼儿园课程融合为辅，这是孤独症儿童进入幼儿园的最初阶段。

在课程的选择上，从孩子最感兴趣、最容易参与的课程入手。早操、音乐、舞蹈、户外游戏等课程，对孩子的纪律和能力要求不高，是我们经常首选的课程，而英语、故事、科学等课程则放到后面，但也有孩子喜欢英语，课程的具体选择视孩子的情况而定。

○ 资源班

孩子在普通班的时间明显增加。这是从以特殊教育为主，逐步过渡到以普通教育为主的阶段。

课程的选择从单一性到逐步多样化。孩子能跟随的课程在班级中进行，有难度的课程在资源班（特殊班）进行。原则是从易到难，从熟悉到陌生。对于陌生的课程，先在资源班熟悉后再进入普通班。

这一阶段的目的是让孤独症孩子逐步了解幼儿园生活的各个环节，从不同的视角去适应，增加对集体活动的参与度，提高个体能力。这一阶段对于孩子的共同注意力时间、参照学习能力的要求逐渐提高。因此，能否进入下一阶段的随班融合，与孩子的能力或支持力度有直接的关系。针对孩子在集体课堂无法解决的问题，可以考虑在资源班上个训课或者小组课作为补充。如果幼儿园没有资源班，可以考虑园外机构或者课外班。

○ 随班融合

这是以普通教育为主的阶段。在这一阶段，孩子已经完全适应了幼儿园的集体生活，有了一定的学习能力，可以通过在集体环境中提供特殊支持完成普通班的学习。

课程包括参与班级的所有活动和教学环节，孩子需要提升个体能力的个别课程在集体课程以外的时间安排，如放学后或者中午不睡觉的时间。

不是所有的孤独症儿童都要从课程融合开始，也不是所有孩子在幼儿园阶段都能完成从课程融合到随班融合的转型，更不是所有的孩子一开始就适合全天在普通班融合。每个孩子对不同融合模式需要的时间不同，具体要依据孩子的能力，采取个性化学习。

下面我们以浩浩为例，说明以上三个融合模式的发展过程。

【案例】

浩浩，2岁入幼儿园，不具备语言表达能力，上课经常爬到桌子上，对老师的要求不管不顾。浩浩喜欢音乐，喜欢热闹的气氛，喜欢和爸爸玩追跑的游戏。

第一阶段，半年。浩浩被安排在特教班，和特殊小朋友一起上课，并进行一对一的个别训练。半年后，浩浩有了简单的语言表达能力，学会了模仿小朋友做操，可以听懂老师的简单指令要求。于是，我们安排浩浩进行课程融合。

第二阶段，课程融合，半年。因为浩浩喜欢热闹，课程融合从做操和户外游戏开始。虽然浩浩不理解游戏规则，但他被气氛吸引，很开心，一直关注并跟随小朋友游戏；做操时，虽然动作不到位，有些动作不会做，但也努力跟随小朋友的节奏，偶尔需要个别提醒。

第三阶段，资源班，一年。浩浩被安排在小一班。音乐、桌面游戏、户外游戏、早操以及常规课都在小一班，其他课程在资源班。资源班的课程，有时和特殊儿童一起上，有时和个别普通小朋友一起上。

去小一班的第一天，浩浩拒绝进教室。尽管有熟悉的特教班老师陪同，而且课程融合阶段已经和小朋友熟悉了，但浩浩仍然非常紧张，他只能在老师的陪同下坐 10 分钟。一个星期后，浩浩终于愿意去小一班了。

第四阶段，随班融合模式，三年。升到中班后，浩浩进入随班融合模式，全天都在中一班。对此，他很排斥，说“害怕”。于是，我们采用中午接出来、下午提前接的方式过渡了半年。这样做是为了给予浩浩心理上的支持。进入全天模式后，我们利用放学以后的时间对浩浩进行学习能力的提升。浩浩幼儿园毕业后又过渡了一年学前班，进入了小学。

现在的浩浩已经毕业工作了，早期融合教育为他以后的人生奠定了基础。

普教老师和特教老师合作的支持模式有哪些

融合教育需要普教老师和特教老师相互合作，共同努力，依赖任何一方都无法完成。全国各地具体情况差异很大，根据我们的实践，总结出以下模式供大家参考。所有支持模式都建立在普教老师和特教老师共同观察，就孩子的现实表现和核心问题达成共识，并共同制定现阶段教学目标的前提下。

○ 幼儿园老师有一定的融合教育理念和经验，适合哪种模式

模式一：实施的过程中，由普教老师主导，特教老师（通常指影子老师）辅助完成且有专家团队在背后支持。

这是真正的融合教育该有的支持模式，也是我们目前培养融合幼儿园的主要模式。以普教老师实施为主，便于孩子理解自己是集体中的一员，避免孩子对影子老师产生依赖，有利于孩子对班级建立归属感。但对于孩子需要大量个别支持的情况，不是普教老师力所能及的，影子老师的辅助也非常必要。模式一要求普教老师做出一定的改变，以适应孤独症儿童；

要求普教老师具备融合的理念并有一定的主动思考能力。

模式一适用于以下情况。

①普教老师有清晰的融合教育理念，普教经验丰富，且幼儿园班级人数少，普教老师有精力管理。

②虽然班级人数较多，但是老师和学生的配比高，且作为辅助的影子老师隶属于幼儿园。

③影子老师是园外人员，但是作为班级的资源，和普教老师分工模糊，共同负责全班孩子。

④有一定融合基础且能力较好的孤独症儿童。

○ 幼儿园老师对融合教育没有接触，适合哪种模式

模式二：在普通环境中，以影子老师为主，普教老师为辅。

这是目前国情下幼儿园最普遍、最易于实施的合作模式，它既对孩子有一定的针对性干预，又对普教老师的正常教学没有太多改变。但因其环境支持有限，实施时有其局限性。这种模式的关键是普教老师与影子老师达成一致，分工合作；避免在操作过程中流于形式，让普教老师形成依赖，更不能将特殊需要儿童划分到普教老师的责任范围之外。

模式二适用于以下情况。

①普教老师对融合理念不够清晰。

②孩子刚进入融合环境，普教老师对孩子不够了解。

③孩子在集体环境中需要较多个别支持。

④普教老师在普通环境中无暇实施的环节。

笔者认为模式二是过渡阶段，只有加强普教老师的培训才能满足特需儿童的需要。强调共同制订计划，分工合作是补救局限性的有效措施。

什么是巡回指导模式

目前，由于幼儿园的专业资源有限，不能满足所有家长和孩子的需要，不乏家长聘请专业人员到孩子所在幼儿园做教学指导的情况。指导的内容包括观察孩子在幼儿园的表现，老师的反应，孩子和小朋友互动的情况，以及和普通班老师交流，分析孩子的现状，制订下一步教学计划。最后，指导老师、幼儿园和家长达成一致意见。这就是巡回指导模式。

这种模式适用于没有专业支持的幼儿园，或者充当督导的作用。该模式通常是以个案的角度，家长事先和幼儿园沟通，将专业资源带入幼儿园支持老师和孩子。

下面以笔者的一个家庭巡回指导的个案为例，具体阐释巡回指导的方法。

第一次指导

目的	通过幼儿园老师对个案的描述，了解老师对个案的关注度。 通过老师对个案的干预措施与思考，了解老师在集体环境中提供支持的情况。 为老师提供阶段性目标和实施目标的教育建议。为家长提供与该教师沟通时注意的问题。
观察记录	1. 小朋友做桌面游戏的时候，元元在教室里到处跑。老师见叫他没反应，就在后面追，他跑得更起劲儿了，一边跑，一边看着后面的老师笑。最后，他自己跑到睡眠室里，看着窗外，发了很长时间的呆。 2. 老师教小朋友穿鞭炮，元元试着穿了几下，没有成功，想离开。这时，老师过来了，手把手教元元穿。元元很认真，穿完了一串鞭炮后才离开座位，老师并没有制止。 3. 外教英语课，元元坐在最旁边的一个位置上，老师坐在元元的后面。元元一直没有离开座位，但是显然也没有听讲。老师不时提醒他回答外教老师的问题。
与幼儿园老师的谈话	元元和其他小朋友最大的不同之处就是，注意力集中时间短，不停地跑，坐不住。但元元喜欢玩小车，户外活动的时候能在小车上坐1小时也不下来，这时候他坚持的时间比一般孩子还长，令老师很困惑。老师对元元的第一印象是，一个矛盾的个体。 元元的问题很多，比如到处跑、不听指令、上课跟不上老师的思路。上英语课还能偶尔坐一会儿，其他课根本坐不住。他经常一个人玩，特别喜欢一个人待在睡眠室里。老师认为元元上课坐不住，首先源于自我控制力较差，因此加强自我控制力是首要任务。老师说元元的最大进步就是吃饭的时候坐得住了。而且，他以前偏食很厉害，怎么说也不吃，现在他基本上所有食物都可以吃了。
分析	第一，老师有能力看到孩子的不同。老师认为他与其他小朋友最大的不同就是注意力集中的时间短、坐不住，但户外活动的时候，他能在小车上坐1小时也不下来，这时候坐的时间比一般孩子长很多。 第二，老师相信孩子能够变化，认为孩子是有能力的。 第三，老师能从普教的专业角度提出对孩子的看法和干预建议。例如，老师认为孩子到处跑、不听指令、上课跟不上老师的思路，主要是控制力的问题，而妈妈认为这是因为孩子不理解所致，老师不同意妈妈的说法。另外，妈妈认为孩子经常自己玩，喜欢自己一个人待在一边是自闭的表现，要及时给予干预；而老师认为这样做会导致孩子压力太大，需要给孩子时间，使其放松。

分析	第四，老师能根据自己的思考提出以下问题： ◆如果孩子到睡眠室玩，要不要干预他？ ◆老师看到妈妈给孩子训练时，妈妈要求插 2 个雪花片，孩子已经插到 3 个了，妈妈认为他没有和自己保持同步，要求孩子把第三个拿下来。老师认为既然孩子可以插第三个，说明他已经有能力，为什么要阻止他呢？
结论	提问的过程说明老师在认真思考。不论从接纳态度还是从干预能力来说，这个老师都很难得。
给幼儿园老师的建议	现阶段的目标可以设定为，要求孩子在小朋友群体中活动，不能离开群体。
给家长的建议	相信老师的教育能力，全力配合老师。 在日常生活中，帮助孩子加强生活行为的规范性，通过对生活环境的理解，提高控制能力，如吃饭一定要坐在椅子上，不能到处乱跑，不要追着喂。

第二次指导

目的	通过和家长的谈话，了解家长和幼儿园间的配合度，以及如何制定下一步教育计划，以达成三方的合作。 通过观察，了解孩子和老师各自的状态，以及彼此间的互动关系。 通过和老师的谈话，了解老师对孩子干预的理解以及老师的困惑，并对老师提出下一步教育建议。
观察记录	在小朋友们一起喝水、吃东西等常规活动中，元元有进步，能坐在椅子上很长时间。在分享阅读课上，主动关注有明显进步。在集体环境中，明显感觉到元元经常很茫然，不知道该做什么，当老师提醒他时，也不清楚如何做。
与幼儿园老师的谈话	元元自我控制力提高了，具体表现在能坐在椅子上，虽然不听讲，但不离开座位。一次，老师说："小屁股不能离开座位。"当元元想离开时，屁股坐在椅子上，搬着椅子走。如果离开，老师说话声音大一点儿，或者一跺脚，元元会自动回来。 户外活动问题最多。以前元元经常被新奇的刺激分散注意力，经常会跑开，去玩滑梯。现在他可以在小朋友旁边玩，不离开集体太远，比如小朋友做游戏，他在旁边骑车。元元出现行为问题时，如不排队、推小朋友、抢别人东西等，老师会及时制止，并告诉他应

续表

与幼儿园老师的谈话	该怎么做，他有很大改变。他偶尔会问老师“我能玩吗”，待老师同意后再玩，如果老师没有说话，他就一直围着老师不停地问。老师认为孩子现在的问题是，经常自言自语，上课不听讲，在个别提示后才听；集体中主动关注很少；不会想问题，连想的意识都没有；只有老师的指令他才听，对小朋友说的话没有反应；有糖的时候才按老师的要求做；手里总是拿一个玩具，只是不再固定拿某一个玩具。
与元元妈妈的谈话	孩子去幼儿园很高兴。老师对孩子很用心，每天接孩子时，班主任老师都主动和我交流一天发生的事情，并且告诉我处理方式和孩子的反应。老师很坦诚，这让我沟通起来很随意。
分析	孩子愿意去幼儿园，说明幼儿园的环境是宽松的，但又不是放任自流。通过老师的干预，我们的确看到了孩子的进步。主要进步不仅表现在控制力提高了，而且对集体环境的理解也有很大提升，表现为在户外活动时可以在小朋友旁边玩，不离开太远，询问老师“我能玩吗”，待老师同意后再去。老师对孩子的观察说明老师很用心，并且抓住了孩子的本质问题，如在集体环境中的关注问题。 元元对老师的提问进行思考，对集体的关注，在集体环境中主动跟随等问题，实际上反映出一个共同的问题，那就是对周围环境的关心程度，对自己和周围环境的关系、对自己和周围他人的关系的理解。但是，诸多问题的解决要有阶段性。
给幼儿园老师的建议	下一阶段的目标可以设定为提高孩子的主动关注能力。
给家长的建议	增加孩子独立做事的时间，尤其是生活自理的时间。家长在处理自己的生活事务中引导孩子思考，而不是将答案告诉他。重视做事的独立性，而不在乎做的结果如何。

巡回指导的职能是为幼儿园和家长之间架起一座沟通的桥梁。沟通的前提是让彼此放心。家长要的答案是这个幼儿园是否适合，老师要的答案是孩子是否可教。专业人员是他们的主心骨，是他们共同的支持者。

家长的作用有哪些

家长的首要职责是什么

“家长的职责首先是做好父母”，北京的孤独症孩子家长余华说这是他十几年来最深的感受。

大部分孤独症儿童的家长都会把精力放在改变孩子上，特别是孩子刚被确诊的时候，家长还没来得及学习做父母，就已经陷入专业学习了，这是我们看到很多努力的家长收效欠佳的原因。

一个6岁的孤独症儿童向老师解释他的画。老师问：“怎么把爸爸妈妈画得这么小？”孩子说：“我比爸爸妈妈都大，他们就不敢欺负我了。”老师问：“为什么不给他们画嘴巴呢？”孩子沉默了一会儿，说：“我不想让他们说话。”老师问：“太阳的光芒为什么画得这么长？”孩子说：“这是太阳的触角。太阳是世界上最大的东西，我要把太阳吃了，这样我就变得和太阳一样了。”孩子希望自己是强大的太阳，希望父母是弱小的、没有嘴巴的。父母的一片苦心，在这里都成了负面的东西。

良好的亲子关系，和谐的家庭氛围，对孩子无条件的接纳和爱是孩子努力的动力，是一切成效的前提。这是家长的本分，是其他人无法替代的。笔者的经验是，任何以破坏亲子关系为代价的训练效果都是在走弯路，将来都是要偿还的。我们看到很多孩子能力很好但不能很好地融合，原因是爱的基础太薄弱，孩子缺乏前进的动力。家长的问题不是不爱，是不接纳。爱是无条件的，孩子有问题的时候更需要爱。学习做父母是理解专业、用好专业的必要前提。

◎ 家长如何利用周边的社会资源

具备资源整合的思路是孤独症儿童家长的必须学习的一门功课。

资源是指可以给你提供帮助的人，包括亲人、朋友、领导、同事、邻居，以及幼儿园和机构的老师、家长、小朋友等。很多家长在资源间频繁转战、盲目跟风。家长们很努力，但可能很迷茫。

那么，什么是整合呢？比如孩子全天上幼儿园能力不足，采用上午去幼儿园，下午安排去机构或者请老师到家里上课。这样的安排是否适合孩子，家长不知道，只是觉得没有浪费时间。这种填充时间的做法没有整合的过程，很难收到效果。

所谓资源整合，就是将选择的资源整合在一条思路上，大家有共同的目标，各司其职。整合的前提是明确孩子现阶段的核心目标，确定思路，围绕主线进行干预，各资源间优势互补。具体步骤如下。

第一，找出核心问题，作为阶段性目标。这一步通过和幼儿园老师深度沟通，咨询相关专家来获得。

第二，针对现阶段目标，搞清楚幼儿园可以解决哪些问题，哪些需要借助其他手段解决。

第三，与幼儿园老师沟通，听听他们的建议。幼儿园老师有多年的普教经验，是重要的资源。

第四，选择社会资源。比如机构、课外班、老师等，与各方老师沟通，就核心目标达成共识，保证各方朝着共同的目标努力，而不是各行其是，一盘散沙。这样做不仅无法取得效果，可能还会因自相矛盾而让孩子出现倒退。

○ 特需儿童家长如何与老师进行有效沟通

有专家指出，造成教师和家长间合作障碍的因素来自社会、教师和家长三个方面。下面主要讲一下作为特需儿童家长如何与老师进行有效沟通。

①家长过去与学校人员有不良的互动经验，导致对学校的印象不佳。

②家长和教师之间对孩子行为问题的看法不同。

③家长有极大的压力，例如个人、婚姻关系、教养压力和社会支持不足，致使动机低落，造成家长教养功能的瓦解。

④家长的能力和时间有限，不知道如何与教师沟通和合作。

特需儿童家长和老师沟通容易出现两个极端：一是隐瞒孩子患病的实情；二是因为心急，常常去指导老师。那如何解决这些问题呢？

第一，让老师相信家长可以坦然面对孩子的问题，对于减少老师的顾虑，和家长坦诚交流非常重要。尤其是当老师反映孩子问题时，家长故意回避或者否认，甚至有家长找医生开具一些无关紧要的病历以证明孩子正常，这些都会对沟通设置障碍，最终耽误孩子。家长要充分重视老师的反馈，有些孩子的问题是幼儿园老师发现的，在集体生活中，孤独症儿童的问题很容易凸显，即便是高功能的孩子也是如此。但有些家长抱有侥幸心理，对孩子的康复其实是不利的。

第二，家长要给老师一个明确的信息，即“我需要老师的帮助，我会全力配合老师的工作”，这样有助于建立合作关系。但是有些家长会过于心急，事无巨细地反映孩子的全部问题，希望得到老师的帮助。老师没有思想准备，特别是幼儿园老师在不了解孤独症的情况下，会感到不知所措，压力很大。因此，家长在和老师沟通孩子的问题前，要问自己以下几个问题：

我清楚孩子的问题吗？

孩子现阶段的主要问题是什么？

这些问题都要在幼儿园解决吗？

和老师沟通想达到什么效果，能达到吗？

家长要帮助老师了解孩子，这是解决问题的前提，也是家长与老师沟通的关键，而不是急于抛出问题，等待老师解决。普教老师需要支持，需要时间了解孩子，家长要给予老师支持，而不是把孩子交给幼儿园就和自己没有关系了。因此，沟通要循序渐进。

第三，家长要及时肯定老师的努力和成绩，给予鼓励，支持老师始终对孩子保持信心。

一位坦率、可爱的幼儿园老师这样告诉我："我看到孩子一段时间没有进步，就特别受挫，会不自觉地想，是不是我哪儿做得不对呀？"与一般儿童相比，孤独症儿童的进步是缓慢的，用什么支撑老师的信念呢？对老师工作的努力和成绩的肯定是非常重要的，尤其是当老师感到挫败时，明智的家长会帮助老师减压。家长将自己的压力和焦虑转移到老师身上是不成熟的表现，老师不是家长的倾诉对象。

第四，必要时家长可以提出建议，但要注意方法。

有家长认为普教老师没有特教经验，便急于用自己掌握的特教知识指导老师，让普教老师感觉很不舒服。家长要充分了解普教老师的专业和经验优势，他们的局限是不了解孤独症儿童行为背后的原因；同时特教方式是否适合普教，如何运用于普教，是需要和普教老师一起讨论的。在实践中，我们也见过有些普教老师虽然没有特教背景，但是对融合教育理解得很透彻；有些特教老师不懂得融合教育，把融合教育做成了特教，局限了孩子的发展。融合教育不等于特殊教育，这方面很多家长也存在误区。

总之，家长和老师要在彼此信任的基础上沟通。孩子的进步要循序渐进，家长与老师的沟通也要循序渐进。对普教老师来说，重要的不是干预，而是了解；对家长来说，要给老师时间。

幼儿园融合教育要经历哪些阶段

笔者根据多年幼儿园融合教育的实践和个案追踪的经历，将孤独症儿童的幼儿园融合教育划分为 3 个阶段，即集体环境的理解和生活常规的适应阶段、教学活动和课程的参与阶段以及基本交往能力建立阶段。

第一阶段，集体环境的理解和生活常规的适应阶段。从家庭进入幼儿园，是从一个自由的个体成长为社会人的初始阶段。这一阶段的任务是适应集体环境，理解并遵守幼儿园常规，建立社会性意识。这一阶段完成的质量直接影响后面两个阶段能否开展。幼儿园融合中的很多问题都出自此阶段，以至于幼儿园融合无法开展，因此第一阶段是幼儿园融合的关键。

第二阶段，教学活动和课程的参与阶段。这一阶段的主要任务是通过参与集体活动和课程，培养集体环境中的跟随学习能力，为以后的学习打基础。同时，在第一阶段的基础上，进一步建立班级归属感。造成第二阶段不顺利的原因主要有两个：一是第一阶段基础薄弱，二是孩子个体能力局限。

第三阶段，基本交往能力建立阶段。这一阶段的任务是建立适当的交往行为，并通过修正在交往关系中的不当行为，初步培养交往技能，同时更加明确自己的归属。能力较好的孤独症儿童在此阶段已经形成荣誉感和竞争意识的萌芽。

有家长问，孩子已经6岁了，因为着急上学，能否直接进入第二阶段，认为第一阶段不太重要。我们大量的个案追踪实践证明，没有第一阶段的基础，第二阶段进展艰难，即便能力很好的孩子也只能是在陪读辅助下完成。因此，在以上三个阶段中，第一阶段是重要的基础部分。

第四章

幼儿园融合教育的常见问题和支持策略

幼儿园常用的支持策略

孤独症儿童的干预措施很多，以下列举几个在早期融合教育中，我们常用的且在实践中幼儿园老师们容易理解和掌握的策略。

功能分析法

孤独症儿童的行为问题是最令老师们头疼的，幼儿园常常将行为适当作为衡量孤独症儿童进入普通环境的重要指标。因此，具有适当的行为对于孤独症儿童进入普通环境非常重要。功能分析法主张任何行为背后都有某种功能。正向行为支持法认为行为问题可能是孤独症儿童有效的或是最有效的沟通方式。主张用正向的态度看待此类行为，用不适当的、困难的或挑战性行为来表达此类行为，而非病态的、有缺陷的负面用语。

根据冰山图所示，行为问题只是冰山一角，冰山之下是隐藏于个体内的限制与不足，包括生理的缺陷、能力的限制、认知的扭曲、情绪状态不佳和高度的需求没有被满足，从而导致孤独症儿童的固执行为、自伤行为和攻击性行为等。因此，分析引发问题行为的原因是解决问题的第一步。

功能分析法通过 ABC 记录表记录：

B——具体的问题行为表现；

A——发生的前事即问题行为出现前的情况（场合、时间、人物、事件等）；

C——后果，B 出现后发生了什么（如老师或家长做了什么，孩子做了什么，其他人做了什么等）。

根据记录，分析儿童的行为功能，找到解决问题的对策，不同功能有不同的对策。一般行为的功能有两类：想要得到什么或者不想要（逃避）什么。刺激包括内在刺激和外在刺激。内在刺激是指来自身体内部的刺激，如孤独症儿童的自我刺激性行为有时是为了追求感官刺激，有些自伤性行为是为了逃避身体的疼痛等。感官刺激和身体疼痛都是来自身体内部的刺激。外在刺激是指来自身体以外的刺激，如想要冰激凌，家长不给买会发脾气，不想写作业也会发脾气等。冰激凌和写作业都是来自身体以外的刺激。相同的行为表现可能有不同的功能。同一行为表现发生在不同孩子身上，功能可能有所不同。同一个孩子，发展的不同阶段，功能也会变化。

问题行为的常见功能、表现、前事及对策

关于问题行为的常见功能、表现、前事及对策详见下表。

功能	表现	前事	对策
想要 （内在刺激）	自我刺激性行为	无聊	替代行为 （做喜欢的事情或在辅助下完成任务）
想要外在刺激 （求关注）	自伤、攻击、不适当等都有可能发生	缺乏被关注（如小朋友都在上课，老师讲课，没有人关注他）	忽视行为问题本身 强化表现好的行为
逃避内在刺激	自伤、攻击、不适当等都有可能发生	身体产生不舒服的感觉 感觉压抑、紧张等	必要时就医 同理、共情
逃避外在刺激	自伤、攻击、不适当等都有可能发生	任务太难 不想做的事情 环境吵、拥挤、黑暗、热等 不想被打扰	调整任务难度 对任务做分析判断，看是否需要调整 离开环境，如果不允许离开要做调整，比如戴耳机 视情况而定（判断是否给予孩子独处的空间）

提前预知

【案例】

朵朵因为参加幼儿园的大型团体操表演，错过了午睡时间，情绪崩溃了。她边哭边叫妈妈给时间打电话，把时间叫回来，不管妈妈怎么解释都不行。妈妈只好假装给时间打电话，并谎称还有两分钟时间。朵朵终于有机会完成午睡的流程，躺在床上安静下来。

孤独症儿童对事情的发生发展追求确定性，这种有序会让他们感到踏实，否则会焦虑。提前预知就是把将要发生的事情特别是变化提前告诉他们，让他们在心理上有所准备，有所预期，这样可以避免或减少由此引发的行为和情绪问题。但是现实生活中，并不是所有事情都有提前预知的机会，有些是突发事件，如同案例中的朵朵，这就需要孩子慢慢适应。实践证明，随着变化的增加，孩子的适应性会随之提高，只是需要给他们充足的时间。

○ 视觉提示

【案例】

幼儿园老师要求小朋友们每天喝够一定量的水。东东不爱喝水，每次只接一点点水，老师总是要求再多接点儿。于是，东东就接了满满一杯，结果一走路，水洒了出来。东东气得直哭。他不知道要多到什么程度老师才满意，而水又不洒出来。于是，老师画了一个有多半杯水的杯子，贴在墙上。每次接完水，东东都会和墙上的图比对后，才放心地回到座位上喝水。

孤独症儿童对于“多点儿”这类笼统的词难以理解，他们需要标准，且最好是可以量化、不变的。墙上的画是一种视觉提示，帮助孩子理解老师的要求。

视觉提示是常用的支持策略。根据孤独症儿童视觉学习的优势，借用文字、图片、照片、实物等视觉提示的方式，帮助他们理解生活和学习中的任务，减少情绪和问题行为的发生，建立适应性行为。视觉提示具体包括以下内容。

①视觉时间表或者流程图。了解一日流程，帮助孩子提前预知一天发生的事情。

②顺序卡。要求一系列动作才能完成的任务，如洗手、上厕所等，可以通过顺序卡告知孩子做事的流程。或者用于两三个任务间的衔接，便于孩子独立完成。

③表情卡片。孩子完成一项任务后，根据表现出示表情卡片“笑脸”或者“哭脸”作为对孩子的评价，但注意以正面鼓励为主。还可以和孩子约定，每天积累多少“笑脸”就可以得到他喜欢的东西或活动，如积累 10 个笑脸满足孩子去吃一次麦当劳等。作用如同老师们常用的小红花。

④对于语言表达能力有限的儿童，可以通过视觉提示卡帮助他们理解和表达，不仅可以通过图片、照片讲解老师的要求，孩子也可以通过展示图片来达到沟通的效果，如用图片表示“我累了”“我饿了”“我不舒服”等。例如，孩子无法表达想玩积木的意愿，老师又没有理解，他可以拿出一张积木的图片或者写有“我想玩积木”的纸条交给老师，老师就明白了，可以达到顺利沟通的目的。

运用视觉提示时需要注意：

①视觉提示是一种辅助方式，并不是所有孩子都需要。

②视觉提示手段要适合孩子的能力，因人而异。一般以照片、图片为主，但是识字能力较强的孤独症儿童，用文字更合适。对于大班以上的孩子，图片下面配有简短的文字，有利于向文字阅读过渡。对于有阅读能力的儿童不必用图片，用文字就可以起到提示的作用。

③随着孩子理解能力的提升，不需要再借助视觉提示的方式，要注意及时撤销，将视觉提示方式转移到孩子难以理解的新任务上。

○ 分解目标

分解目标也称任务分解，就是将孩子难以完成的目标任务按照一定的方式和程序分解为一系列小步骤，按步骤达到孩子可以完成的程度。分解目标一般用于有难度的任务或是需要一系列的动作流程。其目的是降低难度便于孩子完成，否则孩子会知难而退，失去对任务的兴趣。

比如，幼儿园一节课30分钟，这对于经常下座位、坐不住的孤独症儿童就不能要求他坐一节课，而是通过观察找出他能够达到的目标，将这一目标作为基准点，逐步提高。这样坐30分钟的要求就可能被分解为5分钟、7分钟、10分钟、20分钟、30分钟，然后采用适当的干预策略如强化、辅助等将小目标逐一完成，最终达成坐30分钟的大目标。

再如喝水。幼儿园的喝水环节由一连串的动作组成，由于孤独症儿童的动作计划能力较弱，对于完成这样的任务有很大的难度。我们将喝水分解为找到水杯、接水、喝水、放回水杯四个步骤，每个步骤是一个小目标，然后根据该儿童的能力从四个步骤中找出孩子最容易完成的步骤作为第一个目标，待一个个小目标逐一完成后，我们再将其串联起来完成“喝水”的整个流程。

◎ 强化的运用

强化是指孩子某一行为表现适当则给予奖励，该行为得到强化而继续出现；某一行为不适当则不予奖励，该行为没有得到强化而减少或消失。强化包括外在强化和内在强化。外在强化是指奖励物来自孩子自身以外的，如夸奖、食物、玩具等；内在强化是指来自孩子自身的，如成就感、愿望、兴趣、对社会规则的自觉认可等。家长和老师在具体操作时要注意从外在强化向内在强化转换，这是引导孩子的社会化逐步趋于成熟。

强化物的选择：外在强化所使用的强化物包括生理性强化物和社会性强化物。生理性强化物是指食物、玩具等和生理需求有关的，社会性强化物是指夸奖、表扬、小红花奖励等。运用时要注意，不是每个孩子都必须从生理性强化物开始，具体看哪种方式对孩子来说有被强化的感觉；即便目前需要食物强化的孩子，也要尽快从食物转向那些趋于正常和自然的东西上，如社会性强化物，表扬“好”“对”等。

强化频率：包括高频和低频强化。高频强化是指对孩子的每次正确反应都给予强化，一般用于孩子能力较弱、情绪较差或者面对新课题时。低频强化是指在一段时间内只给予一次强化，一般用于孩子配合较好，情绪状态好，进行孩子喜欢的活动时，或者课题难度不大或孩子表现出能够独立完成时。无论高频强化还是低频强化，要随着孩子能力提升有所变化，直至孩子不需要任何强化，该行为已经成为习惯。此时，强化转移到新任务上。

强化的目的是帮助孩子建立信心，逐步发展出胜任感和成就感，不能流于形式。

◎ 辅助的运用

辅助是一种附加的刺激，被使用在有意识引发正确反应或所期望的反应。如孩子想系扣子但系不上，可辅助他完成。孩子上课走神，老师提醒他注意，也是一种辅助。

辅助分为身体辅助、视觉辅助、语言辅助。

①身体辅助：通过接触孩子的身体以帮助他完成，包括完全身体辅助和部分身体辅助。身体辅助是最直接的辅助方式，对孩子能力没有要求，适合动作类任务如做操时手把手教，或者其他辅助方式无效的情况。

②视觉辅助：通过示范、手势动作（指点、示意）以及图片或实物等方式，帮助孩子理解并完成任务。运用该辅助的前提是孩子对该方式能够理解，因为它在能力上相较身体辅助要求更高。

③语言辅助：用语言补充、描述或者直接给出答案。相较其他辅助方式，语言辅助对孩子的能力要求最高。语言辅助在有些场合并不适合，如课堂等要求安静的场合，用视觉辅助更合适。

辅助的技巧：

①辅助要及时，以帮助孩子建立信心，产生兴趣并体验成就感。但要判断孩子是否需要辅助。

②尽量避免出现暗示，如眼神、习惯性动作等。

③孩子在辅助下作出正确反应要及时给予奖励。

④辅助的撤销。辅助的难度在于孩子很容易对辅助造成依赖，难以独立完成。辅助撤销具体体现在辅助方式的变化和辅助频率的下降。辅助方式的变化是指用语言辅助优于身体辅助和视觉辅助，视觉辅助优于身体辅助。具体采用哪种辅助方式要依据具体场合的要求。辅助频率的下降是指

辅助前给予孩子充分思考的时间，等待孩子自己做出来，如果等待未果再辅助，否则很容易造成孩子对辅助的依赖。是否需要及时辅助取决于家长或老师对孩子的了解和判断。

随着孩子能力的提升，辅助的方式和频率都要随之变化，直至不需要辅助。辅助的作用是帮助孩子建立信心，激发出胜任感。如果孩子认为自己不行，必须依赖辅助才敢完成任务，可能是操作不当造成的。

○ 社交故事教育法

社交故事是卡罗尔·格雷在与孤独症儿童的互动中总结并开发出来的一种教育方法，用来帮助他们学习社会信号、他人想法、感受以及行为。近年来，大量的研究发现，这种方法在改善孤独症及阿斯伯格综合征儿童的社会理解力和社会行为方面效果显著。①

社交故事的目的是用一种孩子们能够理解的方式（让他感觉舒服且有大量信息），分享社会性和情感方面的正确知识。社交故事的结构应当包括：明确的主题、详细的内容和知识，以及结论（总结和强调故事中的信息并提出新的建议）。

注意的问题：

①大部分社交故事，尤其是第一个，应该是描述、确认和巩固孩子已

---

① 引自 Hagiwara and Myles 1999；Ivey，Heflin and Alberto 2004；Lorimer 2002；Norris and Dattilo 1999；Rogers and Myles 2001；Rowe 1999；Santosi，Powell Smith and Kincaid 2004；Scattone et al. 2002；Smith 2001；Swaggart et al. 1995；Thiemann and Goldstein 2001.

有的能力和知识。

②避免只涉及孩子无知或失败的内容。

③描述如何运用新知识和策略时，要记录成功事例。

④在撰写过程中，重要的是关注孩子如何看待，而不是以成人对孩子猜测的态度去描写。

⑤通常以第一人称或者孩子习惯的名字描写小龄儿童，提供的信息要考虑他们的接受程度。

⑥采用正面语言描述，即该做什么而不是不该做什么。

我们需要牢记：社交故事是用来记录社会性知识和社会性成功事迹的一种方式。

以下是一段以安抚动作为主题的社交故事片段：

【案例】

忘记带彩笔，我伤心地哭了，明明过来搂着我的肩膀说："没关系，用我的笔吧！"小朋友过来拥抱我，好让我的感觉好了一些。因为他知道我很难过，他希望我能够感觉好一些。他抱了我之后，我会对他说谢谢。

对于这个场景，我们需要向孩子详细说明为什么明明会用手臂搂着他。这些孩子往往无法理解别人的想法、感受和意图，因此，常觉得别人的行为看起来不合逻辑而且令人困惑。一个安抚的动作可以修复对方内心的感受，而不是彩笔本身；只有当孩子能够理解安抚动作的目的是修复内心沮丧的感觉，才有可能理解明明的行为是合乎逻辑的，也才不会因为自己困惑而拒绝接受对方的好意。[1]

○ 教师引导下的同伴支持

在融合环境中，最有利的影响力量就是同伴示范。特殊需要儿童有较佳的社会能力、沟通能力，能和一般同伴建立友谊关系，产生较佳的社会互动，与教师是否创造特需儿童和其他儿童在一起接触的机会，和对他们的互动提供系统的策略引导与协助，均起着决定性作用。大量的研究表明，教师引导下同伴支持的作用至关重要。但是，什么样的同伴适合孤独症儿童，同伴如何给予支持，孤独症儿童需要同伴怎样的支持，这些问题都是要考虑清楚的，否则不是支持，可能是伤害。

所谓支持，不是形式，而是取决于孩子的感受，即孩子是否有被支持的感觉。

同伴是让孩子感觉舒服的人

因为孤独症儿童对同伴是有选择性的，特别是那些刚进入普通环境的孤独症儿童或者敏感型孤独症儿童，选择性更强。所以同伴不是优秀的而是合适的。

---

① 引自《阿斯伯格综合征完全指南》。

【案例】

廷廷4岁，是个乖巧、安静的小男孩。为了让廷廷和小朋友玩，在玩桌面插片游戏的时候，老师给他安排了一个同桌——一个聪明能干的小女孩。她见廷廷插不出什么，就把自己插好的东西送给廷廷，然后拿过廷廷的玩具自己玩起来。小女孩发现自己的玩具不够了，就从廷廷的手里拿过玩具插到自己的玩具上。廷廷开始还面对桌子坐着，后来干脆背对着小女孩，看着外面。

廷廷的老师认为能力强、聪明的孩子能够带动廷廷，效果会更好。其实，不一定优秀的孩子才适合做孤独症儿童的同伴，有时甚至会适得其反。同伴是否合适，取决于孩子是否感觉舒服，是否愿意和他在一起。同伴能否真正接纳，孤独症的孩子对此有敏锐的洞察力。

同伴是满足孩子需要的人

【案例】

老师发现恒恒喜欢玩牌，就安排一个玩牌很厉害的小朋友陪他，想带动他玩得更好。但没多久，恒恒就离开那个小朋友自己玩去了。恒恒说不愿意和那个小朋友一起玩。过了几天，老师发现恒恒和班上一个新转来的男孩玩得很好。这个男孩从来没有上过幼儿园，对大班的课程有些接受不了。在以后的活动中，恒恒帮助男孩学数学，男孩帮助他处理在幼儿园发生的事情。如果那个男孩哪天没有来，恒恒还要念叨："为什么他没有来呢？"第二天还知道去问男孩为什么前一天没有来。

老师安排的同伴让恒恒感觉有压力，他不喜欢；自己选择的伙伴是恒恒愿意接受的，因为和他在一起恒恒感到很放松。这种感受对孤独症儿童来说是非常珍贵的，与同伴产生交往互动，是孩子可能发展出友谊的重要心理基础。

同伴是真正起到支持作用的人

【案例】

朵朵刚进入幼儿园时总是哭：铅笔找不到，哭；画画画不好，哭；吃饭太慢，哭；睡不着觉，还是哭。每天哭得小脸脏兮兮的。因为爱哭，朵朵遭到一些小男孩的嘲笑，小朋友排队不愿意挨着她，分组也不愿意和她分到一组，理由是她太脏了。一天，朵朵又哭了，一群小男孩开始起哄。朵朵不愿意听什么，他们就说什么，惹得朵朵哭得更伤心了。朵朵本来很容易焦虑，遇到这种情况不知道如何是好。这时候佳佳过来解围，冲着男同学吼道："你们都闭嘴！"然后，搂着朵朵就走，边走边安慰："别理他们！"从此以后，佳佳成了朵朵的保护伞，朵朵慢慢也学会找佳佳告状。朵朵对妈妈说："佳佳是我的好朋友。"朵朵还关注佳佳的穿着，佳佳穿什么，朵朵也让妈妈买什么。

佳佳不仅是朵朵的心理支持者，还是朵朵的榜样。朵朵很享受有佳佳的存在，尽管在幼儿园和佳佳没有太多的互动交往行为。佳佳的存在让焦虑的朵朵有了被接纳的感觉和对班级的归属感，这是佳佳的意义所在。这种感觉伴随朵朵完成了幼儿园阶段。进入小学后，朵朵很快发现了另一个"佳佳"。也许是因为朵朵对佳佳的依赖，让她很努力寻找另一个"佳佳"，其实新"佳佳"只是每天中午和她一起回家吃饭，晚上一起放学，仅此而已。但朵朵说："我上幼儿园有好朋友，上小学也有好朋友。"她觉得这样的感觉特别好。

同伴支持表现在幼儿园融合的各个环节、各个阶段，通过同伴支持，帮助孤独症儿童在集体环境中有安全感，提高参与度，最终获得归属感。当然，同伴支持表现的方式很多，同伴也不是固定的一个，关键是孩子有没有被支持的感觉。了解他们，洞察他们的需要然后满足，这就是我们要做的支持工作。

幼儿园融合第一阶段——如何为生活常规的适应提供支持

孩子在幼儿园融合第一阶段的常见问题有：情绪不稳定，可能表现为焦虑甚至哭闹；没有集体意识，不理解集体要求，表现为不服从老师管理；注意力缺乏，表现为对周围环境视而不见，对老师要求听而不闻；对突发事件反应过激，因为与自己的预期不符；分不清自己和别人的东西，只有喜欢和不喜欢，喜欢的东西是别人的也去抢，不喜欢的东西是自己的也不拿；做事情拖拉，经常需要成人不断提醒，特别是表现在系列活动的连贯性上；挑食，大多睡眠较少，中午很难入睡，大小便可能没有表示；等等。

第一阶段的能力准备是安全感和一定的共同关注力。事实上，更多的孩子在这两方面都缺失的情况下已经进入了幼儿园。

○ 孩子刚进幼儿园总哭，怎么办

【案例】

成成上幼儿园了，每天都哭。小朋友们都适应幼儿园生活了，只有他仍然总是哭。哭累了，就不停地拍手。小朋友们在操场上玩，成成躲到玩具房子里。成成依恋主班老师。上课时，他坐在老师旁边；老师上厕所他也跟着去。老师走到哪里，成成就跟到哪里，形影不离。

分析：

孤独症儿童对于陌生环境的反应首先是安全感的缺失。他们会因为缺乏安全感而焦虑，甚至是恐惧。主班老师成了妈妈的替身，老师没有像对其他小朋友那样要求他，充分满足他的特殊需求，如可以不坐在座位上，可以不上课，允许他随时跟着老师，老师的种种“迁就”，都是为了缓解成成的焦虑，帮助他建立安全感。

孤独症儿童进入幼儿园首先缺失的不是能力而是安全感。对于准备入园的孤独症儿童，帮助孩子提前做好准备是必要的，这是孩子获得安全感的重要前提。

策略：

①有良好的亲子关系基础。

②培养孩子的独立意识，可以帮助孩子克服独立面对集体环境时的焦虑。

③提前熟悉幼儿园环境，如果有熟悉的小朋友一起入园最好，减少孩子的陌生感。

④帮助孩子建立对老师的信任，有助于建立安全感。对于缺乏安全感的孤独症儿童来说，一切忽视和训斥都是雪上加霜。

○ 听到老师叫名字不回应，怎么办

【案例】

幼儿园老师发现，丹丹对别人叫她的名字没有反应，只能过去把她拉过来。虽然有时会答应“哎”，但是没有目光交流。

分析：

孩子对于自己的名字可能还没有明确的认知，不知道这是自己的名字，或者知道是自己的名字，但不知道如何回应。有些孤独症儿童经过训练后回答“哎”，但可能是机械应答，没有交流意识。

策略：

①老师近距离叫孩子的名字后主动找寻孩子的眼神，一旦目光对视达成，对孩子报以微笑并夸奖孩子，也可以奖励孩子喜欢的玩具或食物。

②稳定后，老师近距离叫孩子的名字后等待孩子主动看向老师的眼神，一旦目光对视达成，对孩子报以微笑并夸奖孩子，也可以奖励孩子喜欢的玩具或食物。

③待孩子做到前一条后，在集体点名时，近距离叫孩子的名字，引导孩子对视并回答“到”，做到给予强化奖励。没有语言能力的孩子，可以要求其举手。

④拉长距离，引导孩子在稍远的距离听到叫自己名字时也能看向老师。

⑤在不同的距离，孩子听到叫自己名字都能独立做出回应，并且根据老师的要求做出不同的反应。

孩子对集体指令没反应，怎么办

【案例】

老师让小朋友们去喝水、排队，明明总是待在原地，没有反应。只有老师走过去单独叫他，他才会去做。

分析：

很多孤独症儿童都是这样，个体指令的完成能力无法自然迁移到集体环境中。孩子不是不理解个别指令，而是不理解集体环境。当老师面对集体而不是针对个人发布指令时，孩子不知道指令和自己有关，也不知道该如何应对，表现出不知所措。

策略：

①排除孩子有听力障碍。

②从小环境做起，减少干扰。从近距离、简单指令开始。具体步骤为：

第一步，可以从 3 ～ 5 个孩子的小组教学过渡，如发集体指令“小朋友们去喝水”，如果明明没有反应，可以让他看看其他的小朋友都在干什么，示意他也去做，必要时肢体辅助或眼神辅助，完成后给予强化奖励。

第二步，在幼儿园集体环境中，老师站在离明明近一点的位置，用眼睛看着他说“小朋友们去喝水”。如果明明不行动，让他看看其他小朋友，或者给他一个眼神辅助。先从一两个指令做起，开始不宜太多。

第三步，老师站在离明明近一点的位置，看着小朋友说“小朋友们去喝水”。如果明明不行动，让他看看其他小朋友，或者给他一个眼神的辅助。待稳定后撤销辅助。

第四步，近距离稳定后，逐渐拉远距离。发指令后，如果明明不行动，看着明明说，逐渐撤销眼神的辅助。

注意：在发指令的时候，要给孩子反应的时间，待小朋友都去做而孩子仍然没有反应的时候，再进行辅助。

◎ 如何在集体环境中培养孩子的观察学习能力

【案例】

朋朋上小班了，每次进班都是跟着辅助老师。一次，辅助老师走在后面，朋朋跟着对面班级的小朋友进了教室。老师问：“是这个教室吗？”他回答：“是。”老师没有纠正他，在一旁静静观察。朋朋环视四周，看着陆续进入班里的小朋友，过了很久，站起身来，说：“不是这个教室。”老师问：“那是哪个教室？”他站在楼道里，看了看对面的班，又回头看了看刚才的教室，指着对面的班说：“是这个教室。”然后走进去，环视四周好久，等确认后才重新出来换了鞋再进入。第二天，老师发现，朋朋上楼后先站在楼道里，看看左边又看看右边，确认后才进班。

分析：

朋朋不能马上找到自己的教室，解决的方法有很多，比如老师把他领进去，让小朋友把他拉回来，走错的时候叫住他，等等。但相比之下，让朋朋在错误的过程中比对两个班的不同，再确认自己该去的班级，效果要好得多。比对的过程就是孩子主动观察和思考的过程。通过观察学习，孩子解决问题的能力提升了，不需要依赖别人辅助就完成了任务。

策略：

发挥资源中心作用。各地要加快建设并实现省、市、县特殊教育资源中心全覆盖，逐步完善工作机制，合理配置巡回指导教师。特殊教育资源中心要加强对区域内承担随班就读工作普通学校的巡回指导、教师培训和质量评价，大力宣传普及特殊教育知识和方法，为普通学校和家长提供科学指导和专业咨询服务，鼓励运用大数据、区块链等技术提高服务的精准性。

【案例】

幼儿园午饭吃包子，老师提醒小朋友："包子刚出锅，太烫了，掰开慢慢吃。"朋朋最爱吃包子，根本没听老师的话，迫不及待地咬了一口，被烫得哭起来。老师说："别着急，等会儿再吃。"朋朋仍在哇哇大哭。邻座的小朋友将包子掰开，边吹边试探着吃，他却只是哭，连看也不看。奶奶说，朋朋在家里每次吃到嘴里的食物都是经过保姆处理到合适的温度。

分析：

孩子习惯了享受别人处理的结果，当遇到没有经验的问题时不会解决。在集体环境中，通过观察学习周围小朋友的做法，是最简单、有效地解决问题的途径。积累生活中的经验对于孤独症儿童的学习能力提升非常重要。

策略：

①生活中遇到问题，给孩子自己想办法解决的机会。比如，食品包装袋打不开，自己想办法，成人不要急于帮助解决。有些孩子不能等待或等待时间短，也和生活中有人帮助处理有关，形成了习惯，这样孩子会失去很多思考的机会。

②对于不能解决的问题，家长要引导孩子养成观察的习惯，向周围人学习，培养观察学习能力。

③幼儿园老师要注意引导孩子向周围小朋友学习，养成主动观察的习惯。一对一学习只是学习形式之一，集体环境中更多需要观察学习能力，要引导孩子区分不同的场合、运用不同的学习方式。

◎ 如何在集体环境中跟随大家的节奏

【案例】

上课前，老师要求大家收拾好玩具，有些小朋友依依不舍，希望能多玩一会儿，但老师态度很坚决。浩浩是刚进班融合的孤独症儿童，老师看着浩浩还没拼好的玩具，对浩浩说：“再有 5 分钟老师就要收玩具了。”并且告诉浩浩，拼好的玩具不拆，老师帮他保管。因为提前告知了浩浩，就避免了浩浩情绪过激的行为发生。

分析：

孤独症儿童遇到突发事件，经常会表现出情绪上的过激反应。他们更希望事情像他们预期的那样发展，因此在变化发生前告诉孩子，可让他们有心理准备去应对变化，有助于他们安全感的建立。尤其对刚入园的小朋友很重要。浩浩对于没有完成的作品会纠结，老师提前告知并且答应帮助浩浩保管，孩子就安心了。这样的管理要求是孩子愿意遵守的。重要的是，先关注孩子的感受而不是规则，这对于孤独症儿童的管理是非常有效的。当然，不是所有的事情都可以提前告知，生活中临时变化的事情也有很多，需要孩子去适应。接触变化的事情多了，对于变化就不那么敏感了。孤独症儿童适应环境的能力会随着自我调节能力的提高而提高。

策略：

①提前告知，告诉孩子将要发生什么。

②给孩子预留时间，如“还有 5 分钟”。马上停止，孩子很容易有情

绪问题。

③孩子对没有完成的作品突然被终止，是非常难以接受的。由此发生的情绪问题，老师要给予充分理解，并帮助孩子想办法，如拼好的玩具不拆，保管好，以便有机会继续完成，以缓解孩子的焦虑情绪。

④老师在处理过程中要始终保持冷静，避免受孩子情绪的影响，并始终以关爱的态度与孩子沟通商量，孩子通常是愿意接受的。

○ 孩子吃饭严重挑食，怎么办

【案例】

明明很瘦，只吃白米饭和几种叶菜，在幼儿园更是一口菜都不吃。

分析：

研究显示，70% 的孤独症孩子有喂养或者饮食问题，其中 36% 的患儿问题较为严重。饮食问题可能是孤独症患儿兴趣狭窄、重复刻板行为的一种表现。有些孩子对某些蔬菜气味敏感，有些孩子咀嚼功能不佳，导致食物太大吞咽困难而造成对食物的排斥等。

策略：

①排除过敏性食物。

②吃饭时保持安静，不让孩子玩玩具、看电子产品等，不能离开座位。

③从汤类或者熟悉的食物尝试。吃一口喜欢的菜，辅助喝一口不太喜欢的汤，给予强化奖励（强化的方式可以是喜欢的菜或者一点零食），逐渐增加喝汤的次数。

④在喜欢的饭里加少量细小的不喜欢吃的蔬菜，混在一起，喂给孩子。从少量开始，直到孩子看见了也不排斥，其间要强化奖励。开始选择的食物，以与孩子喜欢的食物颜色、形态接近为宜，这样孩子比较容易接受。对于吞咽功能不好的孩子，蔬菜切得细碎一些。孩子对某些蔬菜气味较敏感的话，应避免让孩子食用。

⑤有些孩子精细动作不协调，包括手部和口腔肌肉，所以吃饭特别慢。可以安排给孩子第一个发饭，最后再收的方式，给孩子更多的吃饭时间。

注意：饮食习惯的改变是一个漫长的过程，需要家校始终一贯地配合。

○ 孩子不午睡影响别人，怎么办

【案例】

明明在幼儿园从来不午睡，小朋友午睡时，他走来走去，偶尔还在床上大叫，影响其他小朋友休息。

分析：

50% ~ 80% 的孤独症患儿患有一种或多种慢性睡眠问题，包括入睡困难、经常或长时间夜醒、过度早起、日夜节律紊乱等。

有些孤独症儿童睡眠时间很少，如果午睡会影响晚上的睡眠。所以我们要解决的不是孩子不午睡的问题，而是在午睡的环境下不影响他人。

策略：

①了解孩子平时在家是否有午睡的习惯及睡眠时间的长短。

②对于睡眠时间少、没有午睡习惯的孩子，只要不影响他人，可视情况而定：一是躺在床上不打扰别人；二是选择离门口近的床位安静玩玩具或看书；三是如果无法安静，考虑带离睡眠室，在教室里独自玩，不影响他人。

③对于入睡困难的孩子，可以尝试提前进入睡眠室，有一个相对安静的环境，尽量减少小朋友的干扰。家里也要配合做好晚上睡眠时间的调整，尤其周末在家的时候，午睡时间尽量和幼儿园一致，帮助孩子适应和习惯。

④对于午睡时间严重影响他人的孩子，考虑平时增加运动量。

孩子经常尿裤子，怎么办

【案例】

丁丁如厕的时候不会穿脱裤子，也不会表达。老师让小朋友去厕所时，他总是站着不动，需要老师辅助脱裤子，而且不是每次都能尿出来，经常上课尿裤子。

分析：

造成如厕问题的原因有几种：自理能力弱，不会表达需求，惧怕厕纸擦拭的感觉，惧怕冲水的声音，场所固定化（不愿意去陌生厕所）……遇到如厕的问题，要分析原因再做处理。

策略：

①记录每次尿尿（包括尿裤子）的大概时间点和时间间隔，比如午饭后半小时，喝水后15分钟，睡醒后5分钟等。

②在以上时间点固定提醒孩子上厕所小便，等待时间可以稍长一点，一旦成功小便要强化奖励，逐渐形成规律。

③在小便过程中，用语言多次提示“尿尿”，逐渐让孩子形成联系，提高理解和口语表达能力。有能力的可以鼓励用语言表达。

④如果是惧怕冲水的声音，可以暂时不在孩子面前冲水。如果是对擦纸的感官敏感问题，开始可以选择柔软的纸。平时注意触觉脱敏，比如洗澡的时候通过水温的变化、毛巾的软硬程度变化帮助孩子逐渐适应。

如何支持教育活动和课程

对声音过度敏感，不敢上音乐课，怎么办

【案例】

老师发现浩浩上音乐课时总是捂住耳朵，躲到角落里，一副惊恐不安的样子，怎么叫也不过来。原来是浩浩对录音机的声音感到紧张。老师把录音机放在教室最里面的位置，把音量放到小朋友能听到的最小音量，浩浩也只能接受在教室外面听。经过一段时间，浩浩慢慢接受在教室里面上课。老师把开、关录音机的任务交给了浩浩，浩浩可以自己控制音量，感觉踏实了很多。逐渐地，浩浩对声音适应了，可以和小朋友一起开心地上音乐课了。

分析：

浩浩的例子在很多孤独症儿童身上都有不同程度的表现，只是有些孩子表现为视觉、触觉、味觉等其他感官的过度敏感或者过度不敏感。对声音敏感来源于孩子听觉的异常。很多研究已经证实了这一点。除了感官原因外，也有可能源于他们的经历。如果他们曾经在没有任何思想准备的情

况下，被突然发出的某种声音惊吓过，那么他们就可能对发出声音的物体感觉恐惧。比如，有的孩子正走到复印机旁，复印机突然开始工作，并发出很大的声音，以后他们再看到复印机就会捂住耳朵，远远地离开或者飞快地跑过。有的理论认为，这是因为他们对于声源缺乏认知所致，待他们了解后，就不紧张了。

策略：

①远离声源，让孩子和声源保持孩子能接受的距离，给孩子适应的时间。

②如果条件不允许，比如上课时，可以考虑给孩子戴上耳机。

③增加对声源相关的生活常识的了解。

注意：尊重孩子的障碍，给孩子时间慢慢适应。强行要求孩子接受，会增加孩子的恐惧，出现更大的情绪问题。如果孩子出现捂耳朵的情况，不需要制止。

○ 做操时孩子在操场上到处乱跑，怎么办

【案例】

老师反映明明在做操时经常跑去玩大型玩具，每次被拉回队伍后，一不留神又跑了，根本站不住。

分析：

第一，孩子在室内和室外表现出不同的注意力水平，这是因为室外干扰物比较多。第二，室外没有桌椅等固定位置，习惯于室内环境的孩子不太理解室外的规则。第三，做操考验的是孩子的观察学习能力，重要的是看，观察后模仿。观察学习能力较弱的孩子会表现出对周围环境的视而不见。第四，有些孩子模仿能力弱，尤其是一些快速变换的多部位肢体模仿，对肢体的协调能力要求较高。

策略：

①排除感觉运动方面的问题，比如本体感的问题等。

②具体步骤如下：

第一步，让孩子站在队伍的后面，不影响他人。

第二步，让孩子站在自己的位置上。可以在地上画一个圈，或者在地上放一个标志物，让其做操时站在指定位置上。有些孩子需要借助辅助物，如呼啦圈等。开始可以短时间站几分钟，及时强化，逐渐延长站立的时间。

第三步，让孩子观察其他小朋友的动作并尝试模仿，不要求动作的数量和到位与否。老师要关注孩子做操的注意力和持续时间。

第四步，待第三步稳定后，引导孩子看领操员，模仿部分不连贯的单个动作，比如体操中的拍手、举手、跳一跳等，做到了就强化鼓励，从一个动作逐渐过渡到多个动作，其间可以肢体辅助或语言辅助。

第五步，逐渐引导孩子学做多个动作，撤掉辅助圈，撤掉强化。

特别需要注意的是，有些家长经常急于辅助孩子，没有观察过程，这样孩子只是背下来一套操，却不知道如何学习做操。

○ 户外活动时搞不清自己班的活动区域，怎么办

【案例】

鹏鹏进入幼儿园中班一个月了，他最大的问题就是户外自由活动的时候，经常跑出老师的视线。幼儿园每个班有自己的活动场地，鹏鹏经常跑到其他班的活动区域。于是，老师给他指定一个参照对象——不能跑到大苹果房子的外面。从此，鹏鹏再也不会跑出老师的视线。

分析：

孩子是因为不理解而产生行为问题，不是故意为之。鹏鹏知道集体环境中应该和小朋友在一起，但是操场上都是小朋友，他不知道参照什么来界定自己的活动范围。老师运用视觉提示给予他支持。大苹果房子就是鹏鹏的视觉提示，帮助鹏鹏界定活动的地点和区域。通过支持措施帮助孩子理解，问题行为就解决了。

策略：

①理解孩子的行为是由于障碍所致，不是故意为之。

②运用孩子视线所及的标志物帮助孩子理解活动范围。

③视觉提示还可以结合照片，比如把班级的活动范围拍成照片，帮助孩子熟悉。

④结合视频加深孩子的理解程度。把活动区域拍成视频，包括孩子的活动内容是如何在区域内完成的，帮助孩子理解。

○ 不参与桌面游戏，怎么办

【案例】

嘟嘟是小班的小朋友。桌面游戏时间，嘟嘟总是躲到图书角里看书，老师要求他和小朋友坐到一起。一天，嘟嘟旁边的小朋友将三个圆形的插片摆在一起，说是烧饼夹鸡蛋。嘟嘟看后，用两个三角形中间夹一个圆形的插片，也称是烧饼夹鸡蛋。旁边的小朋友又用三个插片插了一个东西，称是灭火器。嘟嘟也用三个插片插了一个东西，说是飞机。小朋友用插片在桌子上摆了一个菜板，并说："我们家的菜板是圆形的。"嘟嘟用插片摆了一个方形，说："我们家的菜板是方形的。"

分析：

嘟嘟躲到图书角看书的行为被老师制止，要求他和小朋友坐在一起，目的是要求他跟随集体，这是参与的第一步。有的老师认为孩子不愿意过来，更愿意看书，不需要要求他。其实孤独症孩子在学习方面表现出更喜欢熟悉的东西，他们不是不愿意参与新的学习，而是不熟悉，因为不熟悉而远离，所以给他们机会熟悉是必要的。因为有了老师的要求，嘟嘟才有观察小朋友的机会，虽然和小朋友的互动很简单，但这是主动参与的开始，以后的复杂互动才会有可能。

策略：

①和小朋友在一起，不允许远离。

②尽量不做与桌面游戏无关的事情。

③引导孩子观察小朋友的活动。

④辅助孩子学习操作玩具，帮助孩子提升参与能力。

⑤鼓励孩子的参与行为，引导孩子将关注点转移到参与的乐趣上。

○ 区域活动时孩子不会主动选择，如何引导

根据游戏的不同功能，幼儿园将班级内的环境划分出不同的区域，每个区域安排不同的活动内容。在区域活动中，孩子们可以自由地选择自己喜欢的活动和喜欢的小朋友。因此，区域活动是孩子们最放松、最尽兴的时刻。然而，对于孤独症儿童来讲，区域活动可能带来了挑战。

孤独症儿童大多不会自主选择，如果没有干预，很容易无所事事。因为他们可能对选择对象尚未形成概念，很难做出自主选择；要么就是单一的兴趣，永远选择固定的区域或固定的玩具，比如数字拼版等。但是不能因为他们不会选择就剥夺他们选择的机会，更不能错误地认为孤独症儿童不可能发展出自主选择的能力。在选择时要注意以下几点。

第一，选择对象要简单。如果孩子不会选择，提供选择对象要简单且

数量不宜过多。

第二，避免从孩子害怕的东西开始，给孩子适应的时间。比如，有的孩子对玩具小火车发出的声音或者音乐玩具发出的声音会很恐惧，这未必都是听觉敏感造成的，可能是因为他们缺乏对声音来源的认知。

第三，从孩子感兴趣的区域活动开始，将孩子无意义的行为赋予意义。如果孩子不会选择，我们可以采取这样的做法：当孩子无意中摆弄某个玩具或目光停留在某个玩具上时，教师即可将孩子表现出来的这种无意识的行为理解为他有目的的选择，并且满足他；或者向他展示玩具的玩法，但不是教他怎么玩，即通过展示吸引孩子的注意，让孩子对玩具产生兴趣。在此过程中，要注意观察孩子的反应。如果发现孩子不感兴趣，马上变换玩法，甚至变换教具。教师要敏锐地捕捉到孩子的细微变化，随时发现孩子的兴趣，注意调整活动内容以满足孩子的需要。引导孩子通过行动将内心想玩的意愿表现出来，并且将愿望与行动结合起来，因为有的孩子不知道如何将内心的愿望表现出来，比如看见喜欢的东西就抢，还有些孩子表现出来的与内心愿望不符。

○ 区域活动时如何保护孩子的探究欲望

孩子的探究欲望是在自主的前提下产生的。当孩子对某个玩具表现出兴趣时，比如想去接近或者表现出注意时间延长，家长和老师就要满足孩子的好奇心。看似无意义的摆弄玩具的过程，是孩子正常的探究行为，要给孩子时间，不要急于教孩子什么，否则会使孩子失去兴趣。特别是敏感型的孤独症儿童，由于他们对陌生的东西需要一个稍长的接受过程，因此一切急于求成的做法都是不可取的。

探究伴随失败。既然是学习过程，就必然会有失败。孩子看似不正确的玩法也是正常的行为，不要急于纠正孩子，以保护孩子的兴趣为主要目的。探究是一种积极的学习态度，不在乎结果如何。所以尽量让幼儿自主探究，不急于提供帮助。有的家长认为这是浪费时间，甚至认为是孩子的刻板行为加以制止，这很可能会扼杀孩子主动探索的欲望。

区域活动不仅可以培养孩子自主选择的能力，更重要的是能培养孩子操纵玩具的能力，促进孩子对玩具的基本玩法的经验积累。但是，因为区域活动带有很大的自主性，如果孩子还没有自主游戏的能力，通常会表现出无所事事或者简单重复。这时，成人要加以引导，而不宜放任自流。需要注意的是，成人要分清什么是无所事事，什么是探究行为。

○ 孩子不愿意看书，怎么办

【案例】

凯凯强烈拒绝看书，老师提问时表现出沉默，对老师的要求表现出强烈的逆反行为，而且越是要求，他反抗得越厉害。对于课上老师的提问，他一律回答：“我不知道！我是傻瓜吧！”遇到这种情况，妈妈无可奈何，爸爸除了打也无能为力。而老师采用了鼓励、表扬、淡化问题的处理方式。不久，我们看到了孩子的变化。午睡起床，凯凯说：“我要赖床！”老师说：“快起来！”他提着还没穿好的裤子，一副可怜巴巴的样子说：“别说我了，说宣宣吧！他表现不好。”以前凯凯从来不和老师争辩。老师问："宣宣怎么了？"凯凯说："他没穿鞋。"吃饭的时候，凯凯会对老师说："宣宣表现不好，不给他饭吃吧！"

分析：

面对学习新东西、接触新事物，因为害怕失败，孤独症儿童会表现出回避。凯凯拒绝看书是因为害怕失败，硬性要求造成凯凯的逆反。从拒绝回答问题，到为自己辩解、指出别人的问题、表达自己的想法，表现出凯凯自信心的提高。这一切变化是因为孩子和老师建立了信任关系。

策略：

①鼓励孩子接触新东西。鼓励孩子对新事物要有敢于尝试的勇气，而不将关注点放在结果上。

②老师和孩子建立信任关系是基础。老师的鼓励传达的是对凯凯的信任。由于和老师有了信任关系，凯凯愿意服从老师的管理。

③帮助孩子将关注点转移到学习上。由于信任，孩子的身心在融合环境中获得了放松，这为引导孩子将关注点转移到学习上奠定了基础。

○ 如何引导孩子爱护动物

【案例】

冉冉是幼儿园大班的小朋友，班里养的金鱼都让他掐死了。一天，班里飞进来一只小鸟，小朋友们发现小鸟的腿受伤了，飞不起来了。老师立刻停止讲课，爱惜地把小鸟捧在手里，问小朋友怎么办。小朋友们一致回答“帮小鸟把伤养好了，再把它放回大自然”。老师把每天喂小鸟的任务交给了冉冉，并且安排一个小朋友帮助他。其他小朋友的任务就是观察小鸟的恢复情况。冉冉喜欢使劲抓住小鸟的脖子，小朋友就提醒他，让他轻轻地抚摸。老师每天引导小朋友观察小鸟，并带领小朋友感谢冉冉的辛苦付出。在小朋友的影响下，冉冉早上一到幼儿园，就去看受伤的小鸟。经过近一个学期的精心护理，小鸟康复了，小朋友们和小鸟建立了很深的感情。放飞小鸟的时刻到了，小朋友们恋恋不舍，小鸟在空中盘旋迟迟不肯离开，小朋友们都哭了。老师说：“小鸟的爸爸妈妈还等着它呢！大自然才是它的家。养在笼子里，它的飞行功能就退化了，以后再也不能飞到爸爸妈妈身边了。”小鸟飞走后的一段时间，小朋友们每天议论的话题仍然是小鸟。老师让小朋友们想象小鸟现在在干什么，并且把自己的想法画出来。冉冉画了三只鸟，他说：“那是它和爸爸妈妈。”

分析：

由于冉冉不知道该如何与小动物相处，所以做出伤害小动物的行为。老师通过安排冉冉照顾受伤的小鸟，引导同伴支持的方式帮助冉冉和小动物建立正确的相处方式，在参与活动的同时改善冉冉的不适当行为。小朋友对小鸟的感情，冉冉也受到了影响。

策略：

①针对冉冉掐死金鱼等事件，老师认为是障碍所致，报以理解。

②老师给孩子分配了照顾受伤小鸟的任务，增加其参与机会，帮助孩

子在实践中理解什么是爱护动物。

③老师安排一个小朋友去帮助他。引导同伴支持的方式帮助冉冉和小动物建立正确的相处方式。如冉冉喜欢使劲抓住小鸟的脖子，小朋友就提醒他，让他轻轻地抚摸。

④老师通过带领小朋友感谢冉冉的辛苦付出，肯定冉冉的同时也给其他孩子正向引导。

⑤画画时继续引导孩子对小动物的爱护。冉冉理解了小鸟和自己一样也有爸爸妈妈。

◎ 美术课上，如何引导画画不好的孩子参与

【案例】

朵朵的精细动作发展得不好，按照妈妈的说法，她从来就没有画过什么像样的作品。进中班的第一天，朵朵就遭到了小朋友的嘲笑，气得她大哭。幸好有老师解围，小朋友都不说话了。后来很长一段时间，朵朵都不想画画。进入大班后，画画就更难了，因为大班老师只给主题，没有示范。不过，在这种宽松的环境中朵朵可以看其他小朋友的画，然后仿画。现在，她可以根据主题自己设计内容，如“十一”画的是天安门和五彩气球，新年画的是跳舞的自己。虽然画得不好，但是已经有一些模样了。

分析：

由于儿童的能力差异，在幼儿园活动和课程的跟随上会表现出不同的困难。对于学习上的困难，孩子以什么样的心态面对，取决于老师以什么样的态度对待。

策略：

①教育其他小朋友正确看待别人的弱项，学习宽容。

②保护孤独症孩子的自尊心，要看到孩子的努力，肯定其努力，给予鼓励。

③孤独症儿童面对自己不擅长的事情，很容易知难而退，老师和家长要始终给予鼓励和肯定。

分享阅读课孩子听不懂，怎么办

幼儿园分享阅读类的语言学习是根据儿童不同的年龄特点和经验设计的。因为涉及听觉理解的要求以及相应的生活经验的积累，它也是孤独症儿童参与的课程难点之一。以分享阅读课的支持为例，会体现不同程度的预习策略。

儿童的分享阅读教程一般分三步进行：

第一步，将书中的字遮盖，让孩子根据封面和书中的图片充分发挥想象力。

第二步，通过孩子的自我修正，将其最初的想象尽量调整为前后逻辑合理。

第三步，老师将遮盖的文字打开，用文字概括描述图片。

这样的教程设计符合孩子从具体形象思维到抽象逻辑思维的学习过程。但是，对文字更感兴趣的孤独症儿童即便能读出文字，也可能并不理解。

下面以个案为例，详细讲解分享阅读课上的预习支持步骤。

第一，通过阅读文字进行预习（仅限于对文字敏感的小朋友，其他小朋友可以直接通过图片预习）。

【案例】

浩浩中班时开始接触分享阅读教材，他在理解方面表现出困难，上课经常走神，自顾自地玩。为了提高他的听课效率，我们采用了提前预习的支持策略。特教老师借助浩浩识字多的优势，在课前帮助浩浩对文章获得初步的理解，但不要求完全掌握，为的是给浩浩留有和小朋友一起上课时发挥的空间。这样，浩浩的上课关注度、学习效率明显提高，并且还将学到的词语用在了其他活动中，比如，浩浩用积木搭房子时说："我要搭更漂亮的房子，看看谁的房子最特别。""特别"这个词就是在分享阅读课上学习的。

第二，通过补充与阅读材料有关的常识性知识，帮助孩子理解课文，不再就文章的内容加以预习。

【案例】

随着对分享阅读课教学流程的适应和熟悉，浩浩不需要提前阅读课文，也能跟随小朋友一起上课了。但是升入大班后阅读材料难度提升，浩浩又开始出现较严重的游离状态。我们的预习形式和全班小朋友一样，课前补充与教材有关的常识性知识，比如，内容为“汤婆婆的汤”，幼儿园老师要求家长围绕汤的品种、美味描述等帮助孩子做准备。浩浩爸爸认真地完成了老师布置的任务。上课的时候，老师提问：“你们都喝过什么汤呀？”浩浩回答：“我喝过紫菜汤。”老师让浩浩说说紫菜汤的味道，浩浩说：“是香香的，美味的。”虽然整个阅读材料浩浩并不是完全理解，但是通过预习可以部分参与了。

第三，借助日常生活，丰富常识性知识。

【案例】

周末，爸爸带浩浩和小朋友们一起爬山、吃美食等。回到家，爸爸把照片放到电脑里，和浩浩一起回忆开心的一天。浩浩很开心，能说出一连串小朋友的名字，并且能用完整的语言表达那天发生的事情，还会主动要求给小朋友打电话，约他们一起出来玩。

○ 如何利用主题教学活动，帮助孤独症儿童提高学习能力

由于孤独症儿童对外界刺激的综合处理能力较弱，将所学知识建立起联系也是孤独症儿童的学习难点之一。他们更多依赖对单一知识的记忆，

所以很难举一反三、温故知新。充分利用多种感官刺激、多种途径帮助儿童建立知识间的联系，便于对事物形成整体认知。主题教学非常适合解决这类问题，它也是幼儿园常用的教学方式之一。它体现的是教学设计和实施过程中支持策略的嵌入。下面为大家介绍两例主题教学活动。

中秋节主题

系列教学活动一

老师通过照片、视频为大家讲解中秋节，告诉小朋友们中秋节要吃月饼。嵌入视频让特需儿童更易理解，也是其他孩子喜欢的方式。

系列教学活动二

老师通过照片、视频向小朋友讲解制作月饼的材料和过程。

系列教学活动三

小朋友和爸爸妈妈亲手制作月饼、品尝月饼。为需要的孩子提供制作流程图解。

系列教学活动四

让孩子先回忆制作月饼的过程，接着用简单的语言描述出来，并用橡皮泥制作月饼。嵌入橡皮泥环节可以加深孩子对中秋节的认知，对其他孩子也没有违和感。

以上主题教学活动，通过整合视觉、听觉、触觉、嗅觉、味觉以及运动觉等感觉刺激，运用具体感知、视觉学习的优势代替单纯语言理解的弱势，将与中秋节有关的活动串联起来。不仅帮助特需儿童对中秋节形成整体认知，而且培养了他们建立起知识是相关联的思维方法。

衣服主题

系列教学活动一

让孩子说一说今天穿的衣服的特征（比如颜色、图案、拉链、扣子、谁给买的，等等）。

系列教学活动二

让孩子说说自己最喜欢的衣服颜色或图案 。

系列教学活动三

让孩子猜猜别人喜欢的衣服颜色或图案，并回答出“你是怎么猜出来的”。

系列教学活动四

让孩子画出他最喜欢的衣服。

以上主题教学设计，给孩子们创造了观察、模仿和心理解读的学习机会。讲述衣服的特征，培养孩子的观察视角和简单描述事物的能力，而非仅仅关注细节；讲述自己的喜好，对提高孩子的自我意识、区分自己和他人有积极的帮助；通过观察线索，猜测同伴喜欢的颜色和图案，可以培养孩子的心理解读能力。这些设计和幼儿园集体教学没有冲突，容易实施。

◎ 在幼儿园活动中，孩子的归属感是如何表现的

【案例】

朵朵升入大班了。老师要求每个小朋友画一幅自画像，题目是“我升大班了”，并写上自己最想说的一句话。朵朵画了一个穿裙子的小女孩，并让老师写上“我升大班了，我可以和小朋友一起玩了”。看来她是很想和小朋友在一起的。

朵朵升入大班后像变了一个人，其中最大的进步就是“和别人一样”的欲望非常强烈。吃饭慢了着急，睡不着觉着急，不爱吃茄子着急，因为这些行为都和别人不一样。朵朵不爱喝奶，她看见小朋友都喝奶，于是闭上眼睛把奶喝光了。新学期小朋友发新书了，朵朵很高兴，笑着说：“每个小朋友都有。”她竟然高兴地唱起来，有点儿忘乎所以。但朵朵等了半天，眼睁睁地看着小朋友都拿到了新书，却还没有发给她，她有点儿失望。老师说：“别着急。”后来朵朵也领到了新书，她高兴地说：“小朋友都有新书了，我也有新书了。”大班小朋友要轮流做值日，老师考虑朵朵刚到大班不熟悉，值日生的名单上没有写朵朵，朵朵着急了，说：“周六、周日我在家值日，帮姥姥干活。”她认为这样安排就和大家一样了。过了几天，老师把朵朵的名字写在了值日生的名单里，但是没有事先和她说。朵朵早上一来就发现了，高兴地指着墙上的名单说：“看，有我的名字了。”看来，她一直盯着这件事呢！轮到朵朵值日了，她却遭到了小朋友的指责，因为一起抬床的时候，小朋友说：“你用点劲儿呀！你怎么没劲儿呀？你怎么没到地方就放下了？”朵朵虽然一直兴奋地忙碌着，嘴里喊着“加油”，但是手却不知道如何用劲儿。小朋友的指责丝毫没有影响朵朵的情绪，要是在以前她早就哭得一塌糊涂了，她现在更关心的是和别人一样。

分析：

“和别人一样”是孤独症儿童对班级建立归属感的重要体现。因为要和别人一样，所以对自己有更高的要求、更高的期待。“和别人一样”，是笔者接触的很多孤独症儿童都有的强烈欲望，有的出现得早些，有的晚些，有的像朵朵那样用语言表达出来，有的则通过行动来证明自己。当然，他们表现不如意时，也会沮丧。这时需要老师正确引导，让孩子找到适合自己的标准。

如何培养孩子对班级的归属感

【案例】

老师说：“每桌选一个组长，谁表现好就选谁！”熠熠听后马上坐好，问老师：“我们组选谁呀？”老师看着熠熠那期待的眼神，心里很高兴，因为这可是头一回呢！老师便说：“那就选你吧！”熠熠表现出特别兴奋的样子，一会儿就对老师说：“老师，××× 没坐好，他又去干 ××× 啦！”一副认真的表情，很是可爱。

【案例】

值日生的一项工作就是在吃饭前检查小朋友的手是否洗干净了。朵朵对这项工作很期待，表现得很兴奋。但是，朵朵对干净的标准把握不好，于是老师安排一个小朋友和她一起去检查，两个人商量怎么分工，朵朵有什么不知道的就去问那个小朋友。一次，朵朵看见一个小朋友的手上有红色彩笔的痕迹，但又不是像土一样的脏东西。朵朵拿不定主意，就去问她的搭档：“这个怎么说？”朵朵看见另外一个小朋友的手上还有泥，就要求他重新洗，但这个小朋友就是不听，于是搭档说：“朵朵让你重新洗就重新洗！”搭档硬是把那个淘气的小朋友拉去洗手，并且告诉朵朵：“要对他厉害点儿！”果真，朵朵学着搭档的口气说：“回去重洗！”那样子可有成就感了！

策略：

①当孩子表现出（如语言或期待的眼神等）想和别人一样时，要给予孩子机会。我们常常认为孤独症儿童的能力不够，无法完成任务，这使得他们的欲望常常得不到满足，限制了他们的发展。

②给予孩子需要的同伴支持，帮助孩子实现“和别人一样”的愿望。

③当孩子没有表现出要和别人一样的愿望时，引导他们参与，在参与中体验、提升“和别人一样”的愿望。孩子要的是平等的机会，老师们将重点放在提供参与的机会上，孩子们就能收获归属感。

活动和课程的参与阶段，考验的是老师和家长的支持手段以及足够的耐心、期待和信念。由于障碍的局限，孤独症儿童会表现出各种困难。面对困难的做法首先是考虑用他们可以接受的方式，用优势带动弱势，提供给他们需要的支持，在此过程中提升学习能力。这个过程中容易出现的问题是老师和家长急于求成，造成孩子对学习产生挫败感，对参与的活动表现出退缩。所以，老师和家长都应该认识到，重要的是参与的过程，而不是参与结果。在参与的过程中，孩子收获了归属感和自信，这会让孩子受益一生。

如何支持孩子提升社交能力

孤独症儿童从不交往到有强烈交往意愿，都有发生的可能。主要问题具体表现在：自己玩自己的，不合群；不接受别人的玩法；用不恰当的方式甚至是攻击性方式发起游戏；不按照游戏的规则进行，不懂得合作；不会处理交往中的问题；等等。

孩子只对物品感兴趣，对人不感兴趣，怎么办

【案例】

多多特别喜欢开关电视柜，如果不限制他能玩半天。多多和人的目光对视很少。老师把玩具放到电视柜里，他会马上打开，拿出东西，又频繁地开关柜子。老师再次将玩具放入柜子。最后，他开始模仿老师的行为，自己主动拿一个玩具放进去，关上门，隔着玻璃门看里面的东西，样子可认真了。模仿完后，他拉着老师的手示意老师再放。

分析：

老师并没有把关注点放在孩子反复开关柜门的行为上，而是通过反复尝试，加入新的玩法，将孩子对电视柜的单调玩法，转化为对老师行为的兴趣。

策略：

①理解孩子的行为可能是不知道还有更多玩法导致。

②将关注点放在如何帮助孩子从单调重复的无意义行为转化为有意义的行为。限制现有的玩法不能解决问题。

③加入有新意的玩法给孩子带来快乐、有趣的感受，代替孩子原有的单调玩法。

④借助有新意的玩法，将孩子的注意力从关注玩具转移到带来新玩法的人。

⑤需要注意的是，新玩法可能不会马上成功，要坚持不断尝试变换。

○ 如何通过亲子互动，引导孩子对人产生持续的兴趣

良好亲子关系的建立有助于孩子建立对人的兴趣，增加与人交往的欲望。实践证明，这是非常有效的。

【案例】

浩浩 2 岁的时候被诊断为孤独症。浩浩有个快乐、好玩的爸爸。

爸爸说："我要做的首先是让浩浩对我感兴趣，如果对爸爸都不感兴趣，对别人怎么会有兴趣呢？"浩浩最喜欢把汽车摆成一排，每次玩的时候就像爸爸不存在一样。以前，爸爸总是把汽车藏起来，后来爸爸改变了策略，一会儿让他骑在头上，一会儿把他背在背上，一会儿又让他趴在自己的身上……爸爸这样日复一日地坚持着。不记得从什么时候起，浩浩已经离不开爸爸，他每天最开心的事情就是和爸爸在院子里玩捉迷藏。爸爸假装抓不到他，只顾在后面追，整个院子充满了父子俩的欢声笑语。爸爸感慨道："这场面已经盼了很久很久。"

分析：

浩浩对汽车的兴趣远远超出了对爸爸的兴趣，爸爸尝试把汽车藏起来失败后，不再把关注点放在问题上，而是通过加强亲子互动，帮助浩浩从对物体的兴趣上升到对人的兴趣。利用大量的身体感知觉游戏，使浩浩积累快乐体验，进而有可能将这种体验迁移到父母以外的人群。

策略：

①不要限制孩子的兴趣，因为这很可能是孩子目前唯一的兴趣。

②用更有趣的亲子互动替代孩子目前单调的兴趣。

③坚持有趣的互动，让孩子形成习惯并对互动产生依赖，孩子的注意力自然会转移到给他带来乐趣的人身上。

○ 如何吸引孩子参与集体游戏

【案例】

辰辰，4岁，上幼儿园中班。当小朋友游戏时，辰辰总是一副视而不见的样子，后来他站在一边观看，有时还在旁边“呐喊助阵”。不知从什么时候开始，他会跟着小朋友一起跑，但是他不知道为什么跑、什么时候跑，只是看见小朋友跑他也跑，经常是小朋友都停下来了，他还在兴奋地跑。

分析：

孩子首先是被气氛所影响，而未必是对游戏本身感兴趣。以兴趣为出发点，通过营造快乐的氛围来吸引孩子参与，特别是对于那些对游戏没有表现出任何关注的孩子，是非常有效的。

策略：

①营造热闹的氛围吸引孩子参加。

②坚持，直到孩子因喜欢热闹的气氛而去参加集体活动，并成为习惯。

③鼓励孩子的主动参与，暂时忽视孩子对规则是否遵守。

④避免将孩子强行拉入集体活动，这样会给孩子造成压力，反而会更加退缩。

◎ 如何培养孩子玩积木、橡皮泥等的兴趣

家长经常抱怨：家里玩具很多，孩子玩玩这个，动动那个，哪个也玩不长，是因为孩子对玩具缺乏操控能力，其中想象力弱限制了孩子玩的能力。同时由于独自玩的能力弱，和小朋友缺乏共同的兴趣爱好，也无法参与小朋友的游戏。

我们做过这样的实验：

第一，老师将四块长方形积木并排放在一起，问小朋友像什么，小朋友回答不上来；老师把一个小娃娃放到积木上面，做出拍娃娃睡觉的样子，有的小朋友说："娃娃躺在床上睡觉。"孩子有这样的生活经验，他们可以联想出用积木搭成的是床。但是，没有娃娃，就无法将积木和床建立起联系。

第二，老师把几块积木摆在一起搭得很高。老师问："积木这么高，看看像什么？"孩子说不出来。老师指着外面的高楼说："你们看看外面的高楼高不高啊？像不像外面的高楼啊？"同样，老师是引导孩子将看到的高楼与所搭的积木联系起来。

第三，老师把长条积木排成一排。老师问："看看像什么？"小朋友回答不出来。老师做出向前推的动作，并发出呜呜的声音。小朋友说："火车。"因为孩子有关于坐火车的生活经验，特别是了解火车的鸣笛声。通过老师的引导，孩子将火车的声音与所搭的积木联系起来，进而将火车与积木联系起来。

进行以上教学活动后，我们惊喜地发现，孩子们在自由搭积木的时间

里，不再将积木到处乱扔，也不再只是将积木搭高再推倒，而是一会儿搭小床，一会儿搭火车，一会儿搭高楼。有的孩子一边搭一边说：“我搭小床，让娃娃睡觉。”

同理，捏橡皮泥我们也做了这样的引导：

第一，老师先引导孩子体会玩橡皮泥的乐趣，如告诉孩子橡皮泥有几种玩法，可以搓成长条，可以揉成球形，也可以放在桌子上压扁。当孩子学会橡皮泥的基本玩法后，再学着做一些有意义的东西。

第二，当孩子学会将橡皮泥揉成球后，可以教孩子在下面插上一根小木棍或者把吃剩下的棒棒糖棍留下，做成棒棒糖。当然，前提是孩子吃过棒棒糖或者对棒棒糖有生活经验才可以。

第三，当孩子学会将橡皮泥搓成条后，可以把它想象成面条，将搓好的条放进小碗里。必要时可以拿面条比对。

第四，当孩子学会将橡皮泥压扁后，可以让孩子在橡皮泥上放几粒小米，想象成芝麻饼。这样做的目的是将孩子做出来的东西和具体生活经验建立联系。孩子将现实生活中的物品储存在大脑中，并且在没有现实物品的前提下，将橡皮泥的形象想象成现实生活中的物品。

○ 如何引导孩子和同龄小朋友在一起

【案例】

平平追随小朋友的欲望很弱，虽然偶尔会看别人，但总体上不关注小伙伴在做什么，不太理会别人。可小朋友走后，他会用语言表达对小朋友的关注：“弟弟怎么不在呀？”“那个小妹妹怎么不见了？”“哥哥去哪儿了？”只要平平和一个小朋友待一段时间（他也不理人家，自己玩自己的），等别人走了就会问上一句。以前平平对去小朋友家根本不在乎，最近却一再问：“怎么不上小朋友家玩？”放学回家，他走到小区门口，有很多老年人在户外活动，平平小声地嘟囔了一句：“怎么都没有小朋友呀？”

分析：

对于孤独症儿童来说，习惯和小朋友在一起是很重要的一个阶段，也是和小朋友产生互动的重要前提。孤独症儿童不愿意和小朋友玩，更喜欢一个人玩，这是对他们最大的误解。他们渴望和小朋友交往，但是他们不一定会明确表达对小朋友的喜欢之情。所以，我们不能因为他们没有表现出对同伴的喜爱就认为他们根本不想和同伴在一起。当孤独症儿童习惯和小朋友在一起时，他们才有可能去持续关注这个群体。

策略：

①经常带孩子去有小朋友的地方，直到孩子习惯。有些家长会尽量避开人群，这样对孩子的交往不利。

②如遇到有暴力倾向的小朋友要远离，避免孩子因害怕而退缩，不敢接近同龄孩子。

③对于小朋友之间发生的摩擦，家长和老师要及时解决，以免造成孩子的负面印象而不敢交往。

④注意观察并选择孩子喜欢的玩伴，经常安排他们在一起，以便帮助孩子形成对特定小朋友的依赖，有利于逐步发展出持久的交往关系。

如何选择同伴

【案例】

聪聪很喜欢玩玩具，但总是一个人玩。老师找来一个小男孩，试图让他们一起玩玩具火车。小男生自己玩得尽兴，聪聪却参与不进去。于是，老师换了一个小女孩。只见她耐心地拼装火车道，聪聪见有的地方不牢固，也主动上去帮忙。小女孩将玩具火车放在火车道的起点，火车慢慢前行，聪聪在一旁静静地看着。开了一圈后，小女孩把火车交给聪聪，见聪聪好像不知道从哪里开始，小女孩用手示意他。聪聪玩了一圈觉得不过瘾，想继续玩，但小女孩抢过火车，聪聪也没有坚持。小女孩玩了一圈，再次把火车交给了聪聪。

分析：

不同的同伴表现出不同的互动效果，不是孩子没有能力而是同伴不合适。聪聪在与小女孩的互动中，学习了交往的相互性。没有人告诉聪聪如何轮流玩玩具，这是聪聪在互动中自己体会到的。

策略：

①对同伴要有选择性，尤其是刚开始和同龄孩子互动的阶段。通常伶牙俐齿、自身能力很强的孩子可能比较自我，不太被孤独症孩子接受和喜欢。

②可以通过平时观察，选择孩子愿意接近的、感觉舒服的同伴，经常在一起互动。

③同伴固定最好，如果没有，可以在尝试中慢慢发展。同伴的数量不宜多，刚开始互动时最好以一对一的方式，避免孤独症儿童落单。

○ 孩子只喜欢和玩具熊玩，会不会影响和小朋友交往

【案例】

浩浩升入大班了，每天回家就抱着玩具熊不停地说，能说一晚上。浩浩把积木堆在一起，当作小椅子，让玩具熊坐上；把几块积木摆在一起，当小床，让玩具熊睡觉；用小勺喂玩具熊吃饭，边喂边说："这个可好吃啦，你吃吧！好吃吗？喝点儿水吧！我给你讲个故事吧！你要好好听，不能乱动。你该睡觉了，不能说话啦！我给你盖上被子。"

分析：

对于有些孩子，这种方式可以帮助他们练习游戏的角色扮演，帮助他们在幼儿园和小朋友进行角色游戏。而有些孩子只和玩偶玩，和小朋友交往很少。有家长担心，这样会不会影响孩子和小朋友交往呢？对于缺乏交往对象的孩子来说，如果在幼儿园没有朋友，不能满足孩子的交往需要，孩子会和一个假想玩伴互动，如玩偶。对于孩子，这是个补救的办法。

策略：

①对于孩子和玩偶的交往，采取限制甚至把玩偶藏起来对孩子的交往都是不利的。

②发展玩伴代替玩偶的作用。如果玩伴可以满足孩子的交往需要，孩子玩玩偶的时间会逐渐减少。但是玩伴的发展需要时间和条件，玩偶可以满足孩子交往的愿望。

如何引导孩子在交往中发展语言

【案例】

老师鼓励小朋友好看的书要轮流看。熠熠想看旁边小朋友的书，小朋友欣然同意和他交换。熠熠翻看了一会儿，有小朋友要和他交换，他不肯。小朋友问："我可以换吗？"他说："不可以。"小朋友说："那等你看完了再给我行吗？"熠熠回答："行！"等了一会儿，小朋友见他还没有换书的意思，便忍不住又问："你看完了吗？"熠熠回答："没看完。"小朋友问："那你什么时候看完呀？"熠熠回答："我一辈子都看不完。"小朋友有些着急了，拿着自己看的书说："你都看了好几遍了，我这本更好看。"熠熠说："你那本不好看，我这本好看。"

分析：

孤独症儿童在与同伴的交往中经常表现得很"自我"。熠熠不愿意将自己喜欢的书给小朋友看，就是交往中"自我"的具体体现。但是我们不能迎合他们的特点。他们的行为要符合集体环境的要求，让小朋友所接受。语言也是在与小朋友的交往互动中逐渐丰富和灵活。

策略：

①对于孤独症儿童影响交往的行为，不能一味迁就。

②老师引导、鼓励孩子们以自己的方式解决，包办代替会限制孩子之间自然交往行为的发生。

③创造更多交往互动机会，提升语言能力。语言不是教出来的，是在交往互动中发展起来的。

如何引导孩子和小朋友玩合作游戏

【案例】

朵朵最喜欢玩去医院看病的游戏，因为她的妈妈是医生。一次，朵朵抱着布娃娃来看病，她说："我的孩子生病了！"扮演医生的小朋友问："哪儿不舒服啊？"朵朵说："肚子疼。"朵朵随即将布娃娃扔到床上，再也不理它，然后去看娃娃家里的其他玩具了。"医生"提醒她该去挂号了，朵朵回来拿"挂号条"，但接下来的表演都是自己看病，早把娃娃忘在脑后。

【案例】

小明和小朋友们一起玩娃娃家的游戏，他被分配做"爸爸"。"妈妈"说："我要做饭了，你去买菜吧！"他很高兴地跑去买了一根胡萝卜回来。"妈妈"假装忙着做饭。小明又跑出去拿回一根胡萝卜。

就这样，他接连拿回来四五根胡萝卜。“妈妈”着急地说：“够了，不要再买了。”但他还是不停地往回拿胡萝卜。最终小明被娃娃家“开除”了，小朋友们的理由是“他老捣乱，我们都没法玩了”。

分析：

朵朵和小明并没有以角色自居。朵朵喜欢去医院看病的游戏，但是并不关心自己的角色与游戏的关系，只是满足于参与到游戏中；而小明并不关心娃娃家的游戏，只是喜欢买胡萝卜的过程。幼儿园大班的游戏方式大都以合作性游戏为主，大家共同设计游戏，分配角色，合作的前提是大家围绕共同的内容，需要照顾到彼此的感受，达成共同的目的。这对孤独症儿童来说是个挑战。

策略：

①生活中引导孩子观察游戏角色的内容，如爸爸在生活中做什么，妈妈如何带宝宝看病等。

②通过社交故事，帮助孩子理解角色。

③在游戏中，当孩子表现出不适当的行为时，引导合作的小朋友及时提醒并明确告诉孩子正确的做法。

○ 如何引导孩子和同伴发展友谊

【案例】

东东因身体不舒服不想去做操，邻座的闹闹主动要求留下来陪东东。闹闹和东东一起玩玩具火车，一起铺轨道，东东很开心。午睡起床后，老师让东东给小朋友发酸奶，闹闹把手举得特别高，希望东东能早一点发给他，但东东像没看见一样，闹闹不满意地嘟囔着："我还陪你玩火车呢，以后再也不陪你了！"

【案例】

朵朵升入大班了，开始关注每个人的着装。妈妈每次买衣服，都叫上她一起去，她不仅会决定自己穿什么衣服，还会告诉妈妈穿什么衣服好看。一天，幼儿园做操时，朵朵看见一个小女孩戴了一顶帽子，帽子上有两个金黄色的小辫子，她兴奋地指给老师看："她像个洋娃娃！"老师鼓励她说："还真像！我们朵朵戴上一定更好看！"一天，朵朵看见自己的好朋友穿了一双粉色的靴子，就对她说："你的靴子真漂亮！"同伴说："让你妈妈给你买一双。"朵朵高兴地说："我让妈妈也给我买一双。"过了几天，她穿上了新靴子，还告诉姥姥说："今天王老师肯定问我的新靴子。"

分析：

发展心理学研究显示，2 岁儿童开始出现性别偏好，儿童在 6 岁半时与同性同伴相处的时间是与异性同伴相处时间的十倍以上。朵朵表现出对同性小朋友更多关注，大班起开始关注穿着打扮等女孩关心的内容，表现出明显的性别倾向性。这为进一步发展友谊奠定了基础。

东东对友谊的理解还停留在暂时满足需求的阶段，不能理解和闹闹一起玩火车和发酸奶有什么关系，没有维持关系的意识。

策略：

①当孩子表现出对同性同伴更多关注时，抓住机会引导有助于孩子对同性保持持续关注。

②引导孩子关注同性同伴关注的事情，有助于培养更多共同话题。

③对于东东这类小朋友，先培养对特定玩伴的依恋，在此基础上，引导关注同伴的感受，并将对方的感受明确告诉孩子。

◎ 对自己喜欢的东西独占，不愿意和小朋友轮流玩，怎么办

【案例】

熠熠不愿意和小朋友交换自己喜欢的书、玩具，邻座的小朋友都生气了，一个个噘起了嘴，说："哼，我再也不跟熠熠玩啦！我们都不跟熠熠玩！让他一个人玩去吧！"熠熠无动于衷，照样有滋有味地看着他喜欢的书，不在乎别人的感受，好像认为"别人不高兴和我有什么关系，只要有我喜欢看的书就行了"。于是我们开始干预。熠熠喜欢绿色的插块，把玩具中所有绿色的都占为己有。老师鼓励小朋友向熠熠要，熠熠不给。于是，小朋友拿走了一块。熠熠着急地说："我都不够五个了，就不能玩了。"我们安排小朋友和他交换。开始熠熠不情愿，慢慢见其他小朋友不肯让步，也就答应了。于是，我们又安排小朋友把他手上绿色的玩具逐步都换掉，他也慢慢接受了。

分析：

收集所有绿色插块是孤独症儿童的固执性行为，是由固定思维方式

导致的。熠熠的行为直接影响和小朋友的关系，同时也影响了他对环境中其他事物的关注和吸收。虽然改变不是很容易，但成功后，我们发现在改变习惯的同时，熠熠开始关注小朋友的活动。例如，小朋友用手指比成一个大炮的样子，还喊着“一、二、三，发射”，熠熠也学着小朋友的样子，用手摆弄起来，还跟着小朋友一起喊。因为改变，熠熠的关注点转移了，增加了和小朋友的参与互动。

策略：

①引导小朋友和孤独症儿童商量着玩。

②当孤独症儿童不接受商量时，老师要引导小朋友坚持自己的想法。

③可能不会马上见效，需要坚持一段时间。

④需要注意的是，小朋友的态度要明确、坚决，立场不能变化，更不能为了照顾孤独症儿童的情绪而放弃。

○ 不知道保护自己的东西，怎么办

【案例】

朵朵的彩笔很漂亮，小朋友们都喜欢用她的笔，而朵朵只管画画，根本不留意。很快 12 支彩笔只剩下 4 支。老师和姥姥达成一致，要朵朵好好保管自己的笔，否则就不给买了。这招还真管用，第二天，朵朵不知道从什么地方找回了 7 支笔。小朋友画画的时候，朵朵终于开始留意她的笔，要是被小朋友拿走了，她会连忙拿回来。老师注意到，一个邻座的小男孩经常故意使劲儿将笔尖捅进去，对此，老师没有指责，希望朵朵学习解决。老师告诉小男孩，用笔要征得朵朵的同意。果然，朵朵很痛快地答应了。老师提醒她，看看小男孩做了什么。果然，小男孩再次借笔时，朵朵犹豫了，但不知道该如何拒绝。老师教她说“我不借”，可朵朵声音很小，没有威慑力。老师教她用严厉的语气说“不借，你都把我的笔弄坏了”，可朵朵根本不看小男生，好像在躲避什么。这个过程经历了很长时间。

分析：

不知道保护自己的东西是很多孤独症儿童的特点。有的是因为分不清自己和别人的东西导致，有的是不知道如何解决问题。朵朵就属于后一种情况，包括别人借笔不还和故意侵犯行为，所以需要老师的支持。

策略：

①提醒孩子保护自己的东西，并为此承担后果（不再买笔了）。

②告诉孩子保护自己东西的方式：别人借的笔要及时收回来。

③引导孩子分辨侵犯行为，对侵犯行为敢于拒绝，必要时求助老师帮忙。

④利用社交故事，回忆成功拒绝的过程，帮助孩子梳理成功思路。

○ 孩子爱抢别人的东西，怎么办

【案例】

明明是个没有语言能力的孩子，在幼儿园里想要别人的玩具就直接去抢，不管老师态度是严厉还是温和，抑或讲道理，都没有用。

分析：

明明没有语言能力，缺乏沟通的正确方式，想要东西时表达不出来，于是用行动代替语言。抢东西是他的表达方式，且是唯一的表达方式，并且这种方式在生活中通常会让他达到目的。

策略：

①提前满足。对于孩子的需求，教其用正确的方式表达（有语言能力的教其用语言表达，没有语言能力的教其用肢体等非语言形式表达，如指着、拉着大人拿……），需要成人对孩子的需求有敏锐的洞察力，在出现问题行为前用正确方式满足孩子，逐渐代替问题行为。

②提前预防。要对孩子有充分的了解，能够观察到他要抢东西时的一些细微表现，比如眼睛紧盯、距离接近……在他要抢东西时能够觉察到并及时制止，并引导孩子用正确方式表达，然后满足。

③如果抢东西行为已经发生，要及时拿走他所抢的东西，告诉他“不可以”。

④问题行为短时间内不会消失，如果已经成为习惯，改变所需的时间更长，需要坚持一段时间且需要家庭和学校保持一致性。

○ 总是出现打人、推人等危害他人的攻击行为，怎么办

【案例】

杰杰在幼儿园吃饭排队的时候会趁人不注意推前面的小朋友；老师上课时，他会把旁边的小朋友推倒；课间也会趁人不注意推倒身边的小朋友……每次推人后会冲老师笑。一次，一个小朋友被推倒受了伤。

分析：

在幼儿园，危害他人安全的行为需要放在解决问题的首位。根据观察记录，杰杰每次打人的原因都不同。排队领饭的时候打人，是因为嫌前面人太多；上课的时候打人，是不想听课或者想引起他人对自己的关注；体育课做游戏的时候，老师让他完成障碍跑，他也会推人，目的是逃避障碍跑的任务；课间游戏中推人，是想让小朋友和他玩……针对不同的原因要采取不同的干预策略。

策略：

①就推人行为做 ABC 行为观察记录，分析具体原因。

②对于有攻击行为的儿童，在座位安排上首先要放在最后，最前或靠近老师的位置，和其他小朋友要保持一定的距离，做到防范，也便于老师关注。

③寻求注意力的行为处理。比如，杰杰上课的时候故意推人，是因为课堂上老师对于个体的关注少，在课上可对杰杰多一些关注，设定一些环

节让其参与，让他感觉到没有被忽视，可以通过让他回答问题、安排他发玩具等方式解决。

④为了获得更早打饭的机会而推人的处理。首先要预防，打饭的环节老师专门排在他身边，防止推人行为的出现，并及时表扬他的等待。其次，因为杰杰不愿意等待，可以让他排在第一先打饭，逐渐增加其前面排队的小朋友，增加等待时间。最后，如果推人行为已经发生，带离打饭队伍，严厉地告诉他不可以，并且让其最后一个打饭，以承担后果。

⑤逃避任务的行为处理。如老师要求去障碍跑的时候，杰杰不想去，会出现推人以逃避现在的任务。首先，要判断任务的难度是否适合孩子，必要时可以降低难度以缓解孩子的抵触情绪。其次，辅助孩子完成任务，以增加孩子的信心。再次，在执行任务过程中，只要求完成，不做其他要求。比如在障碍跑的过程中，跳的动作不用特别规范。最后，逐渐将任务的难度提高到正常水平。

⑥课间游戏中推人的处理。孩子在课间游戏中推人，是想让小朋友和他玩的表现。老师要引导小朋友，满足和他玩的愿望，替代推人的问题行为。

总之，我们要做到具体问题具体分析，针对不同的原因采取不同的方法，不能一概而论。

○ 孩子触觉敏感，害怕和小朋友交往，怎么办

【案例】

恒恒进入幼儿园最大的问题就是戒备心理过强。小朋友无意中碰到他了，他喊“我的胳膊折了，血管断了”并号啕大哭。小朋友排练节目，后面的小朋友扶着前面小朋友的肩膀跳舞，他说后面的小朋友把他的肩膀掰断了，坚决要换到最后一个位置。老师按照他的要求换了位置，他又提出不和男孩挨着，于是被调到了女生的队列，他这才放松下来。

分析：

恒恒是触觉非常敏感的孤独症儿童，害怕与别人有肌肤接触。对小朋友始终保持防范心理，这会直接影响和小朋友的交往。

策略：

①了解孩子的障碍，尊重孩子的特点，任何强行要求都会增加他的恐惧情绪。

②把位置安排在小朋友的后面，减少他们因为害怕而不能放心上课的顾虑。

③引导小朋友尽量避免和他们有身体接触。

④触觉脱敏。让孩子慢慢适应不同质地、不同感觉的刺激，逐渐脱敏。

机构或家庭训练与幼儿园的衔接

机构或家庭训练需要和幼儿园衔接吗

【案例】

越越是个4岁半的小男孩，已经上幼儿园两年了，能够理解老师上课的要求，也可以跟随小朋友进行集体活动。但他不会主动和小朋友玩，小朋友找他玩时，他被动参与的时间也很短。因为这些问题，妈妈要求退园，带他去特殊机构训练。妈妈认为机构可以增加训练的强度，孩子通过个训可以学习更多的东西。到机构训练一年，越越再次回到幼儿园，老师发现孩子没有太大变化。但妈妈说："我儿子都会40以内的加减法啦！"老师说："班里的其他孩子还都不会呢！"

分析：

显然，越越在机构训练的内容和幼儿园能力要求是脱节的。有家长认为，幼儿园和机构解决的问题不同，机构提升孩子的个体能力，幼儿园的集体环境解决融合教育问题。机构和幼儿园是独立的，但必须是有联系的。只有这样，机构的训练才能起到为入园做准备的作用。孩子的学习一定是幼儿园生活需要的，是为了帮助孩子在幼儿园更好地融入。虽然学会40以内加减法可以帮助孩子提前做学业准备，但是不能帮助越越提高社交能力，越越因此无法融入小朋友的游戏活动中，会产生被排斥感，直接影响孩子的自信。同理，机构训练后能力的提升不是停留在桌面上，而是要运用于幼儿园生活中，通过运用验证掌握的情况并对知识加以巩固。会用的知识才会成为能力，不会用即便暂时会了，不复习也就忘了。所以我们强调机构或家庭训练与幼儿园要求要衔接，才是真正为进入幼儿园做准备。

○ 生活中如何训练孩子的跟随能力

【案例】

妈妈发现，每次带贝贝出去，贝贝只顾自己在前面跑，从来都不注意后面的妈妈。自从玩藏猫猫的游戏后，妈妈就把游戏搬到了马路上。妈妈见贝贝不注意她，就故意藏到大树后，偷偷观察贝贝的反应。贝贝发现妈妈不见了，会停下来找，着急的时候还会喊。一般这时妈妈才答应着从树后现身，假装蹲在地上系鞋带。妈妈这样做是希望贝贝理解这不是玩游戏，让贝贝着急也是为了引起贝贝的重视。有一次在超市，贝贝真的和妈妈走散了，妈妈急坏了，到处找也没找到。走出超市的时候，妈妈发现贝贝在超市的电梯口等她呢！贝贝见到妈妈时，脸上都没有表情了，恐怕是吓坏了。贝贝怎么知道在电梯口等妈妈呢？妈妈突然记起，以前妈妈曾经在上电梯的时候告诉过她，如果找不到妈妈，就在这里等。当时只是随口一说，贝贝是真的记住了！

分析：

有些孤独症儿童不知道危险，在幼儿园不懂得跟随老师和班级，到处乱跑，甚至跑出幼儿园。跟随是孩子上幼儿园必需的能力。妈妈注意在生活中训练孩子的跟随，不仅减少了孩子的安全隐患，同时为孩子进入幼儿园提供了直接的帮助。这种练习与幼儿园要求的能力是密切衔接的。

○ 如何引导孩子主动参与生活

【案例】

小海上幼儿园大班，他吃饭、穿衣样样都会，就是太依赖人。吃饭的时候，妈妈不叫不吃饭，妈妈认为他太缺乏主动性了。于是，妈妈在生活中进行了这样的练习：该吃饭了，妈妈把菜炒好后，和爸爸一起围坐在桌边吃饭，不再像往日一样叫小海吃饭。过了很久，爸爸妈妈见小海没有反应，他们就开始谈论今天的饭菜如何好吃。这回小海有反应了，看了一眼，但没有马上过来，也许他在等妈妈的邀请。小海迟疑了一会儿，自己走过来坐在了桌边，端起饭碗开始吃饭。经过几次这样的练习，小海看见饭菜摆好，就会主动过来坐在桌边。后来，妈妈故意延长上菜的时间，还让爸爸去厨房帮忙端菜，小海逐渐也会主动跟在爸爸后面进入厨房。

分析：

很多孤独症儿童都有这样的问题，学会了很多技能，但是在生活中不会主动去用，依赖提醒。当然这也和大人的生活习惯有关，无意中辅助太多。幼儿园生活对小朋友的主动性有一定的要求，因为在集体生活中，老师无法做到一对一辅助。妈妈的练习和幼儿园要求的能力是密切衔接的。

○ 个训课如何与幼儿园衔接

【案例】

元元上幼儿园半年了，老师说小朋友们排队、喝水、上厕所，他从来都不会主动跟着去，必须有老师的个别提醒才行，否则他就像没听见一样。妈妈不明白，为什么训练了很长时间，元元还是不关注小朋友的活动呢?

分析：

特殊训练中的高关注度以及强化频率，甚至包括强化物的选择，都是普通环境不可能做到的。因为在个别训练中，孩子是被关注的对象。为了赢得孩子的关注，老师想方设法迎合孩子的兴趣，这是初级阶段特殊训练必须做的工作。但是，在普通环境中，老师是被关注的对象。在集体环境中，老师安排的活动不可能迎合某个孩子的兴趣。这就要求孩子从被关注到主动关注别人，从主动关注一个人到关注很多人，包括老师和小朋友。因此，经过初级阶段训练的孩子要想进入幼儿园，就必须经历强化频率及强化物的自然化，关注点从孩子转移到老师，为孩子进入集体环境做基本的准备。没有这个准备的孩子，个体能力再强，也是无法适应集体环境的。

◎ 生活中如何提高孩子的主动表达能力

很多家长有这样的困惑，为什么孩子的语言能力总是停留在模仿阶段，而不能主动表达自己的需求呢？担心上了幼儿园影响和小朋友的交往。

可能的问题一，过于强调模仿，尤其是过早强调句子的长度，没有注意引导孩子理解语言是工具。当孩子有需求时，家长认为孩子没有能力说出来，于是家长示范，待孩子模仿后再满足他。久而久之，孩子将这种形式理解为，只要重复了爸爸妈妈的话就可以有东西吃，于是就形成了习惯。家长的这种做法没有错，但只处于过渡阶段，需要及时调整以帮助孩子学会使用语言。

可能的问题二，训练流于形式，无法运用于实际生活中。我曾见到一位家长这样教孩子学习提问。孩子问："妈妈，我可以尿尿吗？"妈妈点点头说："可以。"于是孩子去了厕所。孩子又问："妈妈，我可以喝水吗？"妈妈回答："可以。"于是孩子去喝水。一会儿，妈妈给孩子一块饼干，孩子接过饼干像是自言自语地说："我可以吃饼干吗？可以，吃吧！"说完，孩子把饼干放进嘴里。孩子首先要理解提问的必要性，比如上厕所、喝水等自己可以决定的事情，不必征求别人的同意。这种训练没有意义。

下面是我和一个 5 岁的孤独症儿童大志的对话。

大志看到我办公室桌上有一袋饼干，想吃，于是（看着饼干）说：“饼干！”我没有反应。他扳过我的头，看着我说：“饼干！”我说：“我不叫饼干！”

“要饼干！”我假装没听见。

“我要饼干！”我仍然没有作声。

“我想吃饼干！”

“吃饼干行吗？”

“王老师，我吃饼干行吗？”我立刻给了他饼干。

大志对语言的自我修正过程参照了我的语言“我不叫饼干”和我的表情（没有作声、没有反应），通过和我的互动交流，达成了自己想吃饼干的目的。

○ 如何帮助孩子养成行为规范

【案例】

天天6岁了，在机构训练了三年后来到幼儿园。天天会写很多字，但是不在纸上写，只要趁人不注意，就把字和算术题写得满桌子、满墙都是。他喜欢爬窗台，翻越楼梯、阳台，曾经拔过小朋友的睫毛，用剪刀剪小朋友的头发，用大头针扎小朋友的眼睛。有一次，他从教室里跑出来，飞速上了楼，见老师在后面追，他笑嘻嘻地要从三楼阳台向下跳。对于天天的这些行为，爸爸除了打，别无他法。

分析：

天天在机构训练时，爸爸每天坐在后面，天天表现不好时爸爸就会踢他或打他。爸爸在时，天天很乖，上课表现非常好。但是幼儿园和机构不同，每天有很多闲暇时间，关键是没有了爸爸的陪伴，各种状况百出。不是天天上幼儿园退步了，而是天天从来就没有养成行为规范。在机构的表现都是爸爸被动看管的结果。行为规范的养成需要自我管理，不是控制，控制是被动的，自我管理是主动的。那么，如何培养孩子自我管理的能力呢?

首先，尊重孩子的想法。例如，孩子只喜欢看“巧虎”，家长担心刻板，于是将“巧虎”藏起来。孩子没有了兴趣，家长又不去开发新的兴趣，这样对孩子来说就是过度限制。过度限制的结果是，孩子要么出现情绪问题，要么无所事事，甚至自我刺激性行为增加。正确的做法是，尊重孩子的想法，使“巧虎”成为孩子的兴趣之一，而不是唯一。

其次，告诉孩子正确的做法。比如刚进入幼儿园的孩子通常表现为坐不住，到处乱跑。其实，有时不是他们喜欢乱跑，而是他们不知道应该做什么。这就需要告诉他应该做什么，怎么做。有些行为不是不应该有，只是场合不合适。由于孩子对环境理解的局限，他们有时不清楚什么场合可以做、什么场合不能做，而一味地认为老师不允许的就不能做。如此一来，他们只能依据老师的指示去行动，而不能自主安排自己的事情，达到自我管理的目的。

最后，帮助孩子养成习惯。所谓知易行难，行为一旦成为习惯，就不需要控制。但是，成为习惯的过程需要坚持。有些孩子的控制力比较弱，需要外力约束。特别是那些理解力较弱的孩子，有些时候需要时间来逐渐适应。有的孩子在上课时坐不住，不是他们不知道应该做什么，而是他们确实无法坚持一节课的时间，这就需要给他们比别人更多的时间去适应。

如何做好幼小衔接

与幼儿园相比，小学的最大特点是以系统学习为主，不仅上课变得密集，上课的形式也逐步去游戏化。一般儿童的生理与心理成熟程度决定了他们的学习可以逐步由通过游戏、生活掌握更多的直接经验，过渡到通过系统学习掌握间接的知识经验。这对孤独症儿童来说，无疑是较大的挑战。经过幼儿园3年的融合历练，孤独症儿童已经积累了相当多的体验，比如，适应了集体生活环境；具备了一定的集体生活、学习的独立性和学习能力；学会以适当的方式与小朋友交往；知道在集体环境中控制自己等。这些能力无疑为孤独症儿童进入小学积累了宝贵的经验，同时也节省了孩子的时间。孩子可以有更多的时间和精力提高学习和与小朋友、老师的交往能力。但是，学校的环境和要求的变化，导致新的问题出现，新的困难产生，比如，适应学校一日流程和复杂的常规要求比较困难，听课困难，学业的压力，交往的复杂与灵活，等等。新的环境导致新的问题，也是发展的必然过程。没有经过幼儿园融合的孩子，集体意识、学习能力与交往经验会少很多，面临的挑战会更多。经历一年的学前班过渡是很多孤独症儿童上学前的选择，为上小学做进一步的准备。但是，准备什么，上学前班的目的是什么，孤独症儿童在小学易产生的困难是什么，难点在哪里，家长们并不清楚。

○ 学前班可能出现的问题

下面是童童妈妈关于童童第一次学前班试课的记录：

> 今天上午，学校组织学前班的孩子上试听课。为了观察童童上课的反应，我特意带他去听。上午三节课，英语、陶艺、舞蹈，每节课大约45分钟（幼儿园每节课大约30分钟）。童童的注意力比较差，很不在状态。在上英语课的过程中，童童一会儿用手敲桌子，一会儿搬桌子玩，遇到会回答的问题也不回答，到了唱英文歌的时候，大家一边随着音乐唱一边做动作，他也做也唱，只是声音很小，动作幅度也很小，看上去放不开；陶艺课，老师做示范时，他不知道看老师；舞蹈课，老师做动作时，他也不看。三节试听课，只有舞蹈课没坐在前排，可辅助老师最后也不得不把他弄到前排。在老师的辅助下，他的状态好了一些。这样的状况，上学时怎么办呢？

童童妈妈的焦虑可能很多家长都在经历，上学前的孩子家长比其他时期更容易焦虑。家长都希望在上学前解决孩子的各种问题，以帮助孩子顺利入学。但是经历过的家长都知道，孩子一定是带着各种问题进入小学，不可能完全做好准备。

○ 上学可能出现的表现

【案例】

丁丁是一名一年级的小学生。开学后和同学一起学习20以内的加减法，丁丁连数字都没认全。画画只会涂色，老师让画的主题画，他根本参与不了。老师说辅助完成对孩子意义不大，感觉只是在完成任务，孩子根本不懂，不知道课上该怎么帮助丁丁。

分析：

丁丁的能力明显低于班级整体水平，如果和同学的要求一样，势必会引起孩子的情绪问题，长期下去也会使孩子产生自卑心理，降低自信心。

策略：

①降低教学难度，根据孩子的能力设定他能参与的环节。

②布置不同的作业。老师可以另行安排适合他能力的作业。作业环节大家都在做作业，但做的内容不同。

③如果学校没有资源教室和资源教师，老师一定要和家长多沟通，家长配合老师多做一些其他的生活能力训练，以逐渐提高孩子的能力。

在丁丁的案例中，大家可以看出，丁丁的学习能力是无法通过学前班准备就能和其他同学同步的。虽然丁丁的能力比较弱，是带着问题进入小学的，但仍然有很多支持的办法帮助他提高课堂参与度。所以，我们在通过学前班做准备的同时，要强调融合教育不是和大家同步，而是承认障碍并给予他们需要的支持。这是融合教育的核心思想。不承认孩子的障碍，一味追求同步，是走不下去的。

当然，除了学业的困难外，孤独症儿童的障碍也会有其他方面的表现。

【案例】

丫丫学习好，性格温和。入学面试那天，丫丫对老师的提问对答如流，只是在看到桌子上的饼干时想去拿，但被妈妈及时制止。丫丫的面试顺利通过。开学第一天，妈妈陪丫丫到学校，老师要求家长把小朋友安顿好就在门口等。不到半小时，丫丫就被老师领出了教室。妈妈被告知丫丫在教室里尖叫，还掐了旁边的小朋友。妈妈对此很震惊，因为丫丫之前从来没有打过人。

分析：

孤独症儿童的问题是在与环境的交互过程中产生的，环境不同、发展阶段不同，出现的问题也不同。丫丫进入小学第一天因为独立面对陌生环境而产生极度恐惧，引起攻击性行为。以前没有发生这种现象只是没有暴露的环境。

策略：

①妈妈事先告知丫丫新环境的要求。

②老师允许妈妈第一天进入课堂陪同，作为心理支持。

③老师提前和丫丫接触、熟悉，减轻孩子的恐惧感。

如果有其中任何一种支持，丫丫的攻击性行为就不会发生。

当然，孤独症儿童还有其他障碍表现，在前面的章节里具体讲过，这里不一一赘述。孤独症儿童的成长需要环境的支持，教育的成效是环境支持的结果。不考虑环境支持就是不承认孩子的特殊性，对孩子有可能是一种伤害。

○ 如何看待孩子的学习成绩

大多数孤独症儿童都存在不同程度的学业困难，对这个问题的不同态度决定了孩子的路是否走得长远。

> 一位学生来北京看我。7年不见，孩子已经小学毕业了，无法再上中学，我替他感到惋惜。我惋惜的不是他的能力，而是他父母的态度。孩子小学时数学成绩不好，总是考不及格。但他很努力，常常为自己的学习不如别人而痛苦，甚至用拳头捶打自己的脑袋。父母和老师一起给孩子补课，寒暑假上各种补习班，父母一致坚持学业是第一重要的，说："如果学业跟不上，上学的意义是什么！"
>
> 小学毕业后，孩子放弃了上初中，但他每天骑车去同学上学的学校，看着背着书包上下学的同学们。孩子很想上学，很希望和同伴在一起，但是胆怯于学习的压力。从孩子的目光中，我看出了孩子的无奈。

如果这个孩子的父母当初放弃数学60分的标准，学业的路还能走得更远。有时必要的放弃是为了将来更好。对于不理想的成绩不纠结，在学习问题上，扬长避短是明智之举。

○ 如何看待陪读的作用

很多家长要求陪读的原因，一是担心孩子影响课堂，希望陪读帮助孩子控制行为；二是担心孩子不参与学习，希望陪读老师辅助学习。陪读考验的是“度”的把握，如果把握不好度，易造成孩子被过度限制和过度辅助，导致孩子逃避学习，抗拒学校环境。有些家长过分依赖陪读，认为陪读可以解决孩子在学校的一切问题，却忽视了环境的支持作用。有关陪读，需要注意以下几点。

①陪读不是每个孩子必需的。

②明白角色定位。目前陪读有不同的称呼，如陪读、影子老师或助理教师等。称谓不同，职责不同。叫什么不重要，重要的是作用是什么。我们需要从融合教育环境支持的角度理解这个角色，定位其作用。我们暂且统称为助理教师。

③了解助理教师的作用。

第一，助理教师的职责不是辅助孩子而是辅助老师，通过支持老师间接支持孩子。

第二，助理教师的工作范围包括帮助普教老师营造支持的班级环境，帮助老师和小朋友了解孤独症儿童的困难，学习如何和他们相处。通过帮助老师营造支持环境，来帮助孩子。另外，在普教老师无暇顾及孩子时，助理教师可给予孩子必要且有效的辅助。

第三，随时做好撤离的准备。待孩子某环节独立后，助理教师就要从该环节撤下来，这个环节就不需要支持了。可将支持转移到其他需要的地方，如果老师可以给孩子提供支持，辅助老师也可以撤下来。

【案例】

丫丫上小学二年级，学习能力很强，没有情绪问题。但是妈妈不放心，要求陪读。上课时，孩子注意力不集中，妈妈会很紧张地及时在后面提醒她注意。下课时，妈妈担心和同学有冲突，不停地提醒孩子：跳绳离同学远点，别打到人家；走路看着点儿，别碰到别人；老师怀孕了，别碰到老师等。不久，孩子开始出现尖叫、打人等行为，还专门踢怀孕老师的肚子，而且问题行为越来越多，后来不得不退学。

分析：

很明显，孩子从普校退学到特校，不是能力问题，是妈妈的陪读问题。丫丫妈妈只考虑修正孩子的行为以符合普教的规范，而不考虑环境支持，孩子因被过度限制而出现情绪问题。家长们要吸取丫丫妈妈的教训，应做支持者而不是限制者。

学前班的作用

学前班不能解决孩子的全部问题，也就是说，无法让孩子完全准备好再去上学。那么，学前班还有必要上吗？能解决什么问题呢？

孤独症儿童即便在幼儿园接受了很规范的融合教育，仍然会遗留一些问题进入小学，最常见的是交往问题和上课注意力不集中的问题。但这些不足以影响孩子上学。更多的情况是孩子在幼儿园阶段没有培养其基本能力，比如跟随学习能力、基本交往能力，甚至常规的跟随都没有过关。这就直接导致上学的诸多问题，比如上课时下座位，在操场上到处乱跑，不服从老师管理等。所以，家长愿意选择学前班过渡一年是明智的，学前班比幼儿园更接近小学，可帮助孩子多做一些准备。学前班的具体作用如下。

①帮助孩子熟悉环境。如紧凑的座位安排，以学习为主的班级氛围，老师对同学的态度等，包括同学之间的交往内容也和幼儿园有所不同。

②熟悉一日流程，各科老师的具体要求等。比如课程内容和课程安排更加紧密。

③熟悉以授课为主的上课形式。搞清楚孩子的障碍，需要哪些支持，当不适应时如何和老师商量解决或调整。

④完成作业。帮助孩子完成课堂作业和家庭作业，包括当作业完成有难度时，如何和老师商量调整等。

⑤考试。包括适应考试形式，如何根据孩子能力调整考试内容等。

⑥与学习相关的准备。如收拾书包，准备第二天上学的文具和书本，按照要求整理各科课本和作业本等。

总之，学前班的作用为：帮助孩子提前熟悉小学生活；帮助家长了解孩子，搞清楚孩子的障碍和需要的支持；为帮助家长判断选择普校和特校提供依据。尽量为孩子入学多做准备。

另外，有的家长担心男孩个子太高，晚一年上学会不会在班级里感觉太突兀；有些孤独症儿童生日小，可以顺理成章地晚上学。家长需要注意的是，孤独症儿童的问题并不是通过晚上学几年，多准备几年可以解决的，必须提供支持才是解决问题的正确方法。

第五章

幼儿园融合实践中的问题

孩子同时存在很多问题，该如何解决

【案例】

宝宝 4 岁了，表达能力不佳，仅能说三四个字，平时喜欢自己看书、玩电子游戏，和幼儿园的小朋友没有交流。不高兴的时候会发脾气，妈妈说他发脾气很突然、找不到原因就生气，让周围人感觉莫名其妙。大人讲道理他似乎也听不明白。妈妈认为，宝宝发脾气是行为问题，要用行为干预的方法解决，不与人交往要用游戏治疗的方法解决，语言要用语言治疗，理解能力差是认知问题，讲故事要用社交故事的方法解决。为此，妈妈分别请了四位家庭老师给宝宝上课。

孤独症儿童的问题是多角度的，面对众多问题，宝宝妈妈的做法是大多数家长解决问题的思路。这种思路的错误之处在于家长将孩子的问题割裂开，孤立看待，没有将孩子视为一个整体综合看待。正确做法是，了解孩子的成长经历、家庭环境、幼儿园表现，分析语言发展、情绪行为、认知理解和交往各方面问题的内在联系，找到彼此制约的关系。比如，要提高语言表达能力，了解了孩子语言问题的具体表现后，接着要搞清楚制约语言表达的因素（情绪、动机等），以及语言理解能力是否局限、交往的动机等，综合分析得出解决方案，然后考虑先解决制约语言表达动机的因素，再对语言问题实施干预。这样的处理才是有针对性的、有效的。家长在解决问题时要具备全局的观念，综合加以分析，否则老师间的支持方案可能存在矛盾，制约孩子的进步和发展。

孩子学习存在短板，该如何解决

家长强调补短有时是不愿意承认孩子的障碍，寄希望补短而达到非短的效果。这是家长常有的心态。但家长们慢慢会发现，此路不通。正确的做法是，从孩子的优势入手，以优势带动弱势；从长处入手，强调通过孩子的兴趣去引导，让孩子在学习中体验成功，建立自信。有自信的孩子才有能力承受挫折。在实践中，我们看到但凡成功的个案，无一不是这样走过来的。

【案例】

达达从小就喜欢认字，走到马路上看见广告牌上的字总是要让妈妈念给他听。3 岁时，他已经认识 2000 多个字了。达达并不理解字的意思，只是知道字的发音而已。怎么帮助达达将文字和实际生活联系在一起呢？出门前，妈妈用文字和图片给达达讲想去的地方，喜欢吃的食品和想玩的游乐器材，回来对比照片和实物再用简单文字描述出来。达达很喜欢这样的形式，语言表达能力也得到了提高。

家长们经常会有这样的疑问：“我的孩子记忆能力特别好，总是强调他的记忆力，其他能力怎么提高呀？”达达就是很好的例子。利用达达对文字的兴趣，提高达达对周围环境的关注和语言表达能力。

【案例】

冬冬喜欢画画，他能将每天在幼儿园发生的事情画出来，但就是不能用语言很好地表达。每天放学回家，妈妈问他在幼儿园发生的事情，他只是只言片语，说不清楚。很明显，画画是他的优势，语言表达是他的弱势。怎样通过他的优势带动他的弱势呢？为了锻炼他的语言表达能力和对语言的组织能力，我们在冬冬的画下面附上一句简单的说明，如“在幼儿园滑滑梯了”“吃包子了”等。经过一段时间，对于熟悉的事件，没有图画，冬冬也能清楚地表达出来。

对于一些视觉能力较强的孩子，利用画画或者照片等视觉提示的方式帮助他们理解周围环境发生的事件，再用语言表达出来，是被实践证明的有效方法。冬冬和达达都是利用优势带动弱势学习的有效案例。从短处着手，就是强调孩子的困难，很容易造成学习的挫败感，甚至对学习产生厌烦或者恐惧，影响孩子学习的积极性和自信的形成。没有积极性的孩子都不会走得长远。

强调技能训练就能提高能力吗

一位 3 岁孩子的妈妈很有成就感地告诉我，她只用了 2 个月的时间就教会孩子认识 12 种颜色。这种做法是基于她认为孤独症儿童没有自主学习能力，要是不教他就不会。有这样观念的家长不在少数，但他们不可能将世界上所有的知识都教给孩子，因此家长们很有紧迫感。其实，即使孩子学会了，技能也不等于能力。另外，被动学习还会导致孩子对学习抵触。实践证明，孩子的学习能力是可以培养出来的。

【案例】

经过一年的机构训练，贝贝开始了和普通小朋友的融合。因为在机构里贝贝做操非常好，因此她的融合从早操开始。开始时，贝贝还静静地站在操场上看，后来就干脆在操场上到处乱跑，连续一个星期都没有进展。在机构里做操那么好，在幼儿园为什么不做呢？我向妈妈提出了这样一个问题："在机构做早操是怎么学会的？"妈妈说："是我每天手把手教会的。"

做操要借助孩子的视觉模仿，是观察学习的过程，而手把手教只是习得了固定动作的记忆。被动学习代替主动学习，不仅剥夺了孩子主动学习的机会，更重要的是误导了孩子的学习方法。当早操的动作变化了，孩子就不知道如何去学习了。其他学习也是一样。我们在训练中往往注重的是学习的结果，而并不关注是如何学会的。被动学习掌握的只是特定的知识，而主动学习不仅是一种积极的学习态度，更是因不断主动思考而形成的学习能力。这是孩子进入普通环境学习必须具备的能力。很多家长都曾经有过这样的困惑：好不容易教会孩子的东西为什么不久又忘掉了呢？原因很简单，因为那些知识从来没有转化成孩子自己的东西，只是暂时的记忆而已，时间久了自然就忘了。而能力却不同，只要具备了某项能力，将受用终身。

【案例】

毛毛3岁，一天，他好不容易折好了飞机，这让他兴奋不已。毛毛犹豫再三，终于跑过去拿给妈妈看。谁知妈妈看了以后说："这折的什么呀？一点儿也不像。"

试想，孩子以后还会有折东西的意愿吗？强调技能就是强调结果，而不是鼓励孩子努力的过程，这样做的结果就是扼杀了孩子学习的主动性。鼓励孩子的努力就是保护孩子的积极性。正是基于这种鼓励，孩子才有动力和自信产生更多的独立性行为，学习能力才能真正建立起来。学习一旦失去了动力，就只能被动监管。

处理孩子的问题行为，是对错重要还是孩子的感受重要

实践证明，先关注孩子的感受再关注问题的对错是有效的。

要正确看待孤独症儿童的问题行为

从发展的角度看，儿童时期是个体发展过程中的一个阶段。儿童的问题行为是发展过程的必然产物，而且不同的年龄阶段会产生不同的问题。这其中包含两种情况：一是孤独症儿童所特有的行为；二是非孤独症儿童所特有，普通儿童也会出现，仅是发展过程中的表现而已。切忌将孤独症儿童所表现出的问题都看成孤独症儿童所特有的，从而过分强调他们的特殊性。理智地区分二者是分析、处理孩子问题的关键。学习了解普通儿童的发育过程及规律是每个专业工作者和家长的必修课。另外，即便是孤独症儿童的问题行为，也要通过行为的表面去深刻剖析产生行为的原因，不能将孤独症儿童的问题行为视为孩子个体本身的缺陷所致。

◎ 要正确分析孤独症儿童的问题行为

造成孤独症儿童问题行为的原因很多，我们强调从人性化的角度去考量。根据冰山图所示，行为问题只是冰山一角，冰山之下的是隐藏于个体内的限制与不足，包括生理的缺陷、能力的限制、认知的扭曲、情绪状态不佳和高度的需求没有被满足，从而导致孤独症儿童固执的行为、自伤行为和攻击性行为等。问题行为可能是孩子仅有或是最有效的沟通方式，所以教导孩子替代的行为，扩充其正向行为，才是长期预防问题行为的有效策略。我们经常会听到家长说，好不容易消除了一个行为，还没等完全改掉，新的问题又产生了，真是按了葫芦起了瓢，让人招架不住，而且行为愈演愈烈。因此，建立正向行为比单纯矫正问题行为有效得多。

【案例】

航航4岁了，喜欢玩水，经常把家里弄得到处湿乎乎的。因为玩水，航航没少挨奶奶的打。奶奶不许航航玩水，航航就趁着洗手的时候，要么把水龙头开得很大，要么把水池子里放满水，用手使劲儿在水里搅动，那兴奋劲儿就别提了。为此，航航失去了洗手的自由，奶奶每天必须看着他洗手。一天，航航上厕所半天也不出来，奶奶觉得奇怪，想推门看看，发现门被反锁了，奶奶叫了半天也没有回应。于是，奶奶用钥匙把门打开，发现航航正在高兴地玩大便后马桶里的水。

我们先要分析玩水这个活动本身是不是问题行为，是不是需要制止？答案不难得出，玩水是孩子的天性。但是，航航玩水的问题出在哪里？出在不能区分场合和环境，不知道什么地方可以玩，什么地方不能玩；什么水可以玩，什么水不能玩。奶奶的问题是，能够制止孩子玩水的行为，不能制止孩子玩水的欲望，甚至因为制止，增加了孩子玩水的欲望；制止的强度越大，玩水的欲望越强，最后导致“饥不择食”的结果。

正确的做法是，给孩子提供玩水的时间和空间，必要时提供玩水的玩具，满足孩子玩水的欲望，但要告诉孩子，可以在什么地方玩，什么样的水不能玩。另外，奶奶洗菜、洗衣服的时候，可以让航航参与，爸爸也可以经常带航航去游泳，一方面满足他玩水的欲望，另一方面让他有机会体验水的作用，增加生活实践的机会。

随着年龄的增长，应该引导孩子从对玩水的欲望转移到实际生活中的运用，这才是最根本的。在处理问题行为时，家长往往强调短期效果，强调通过外在的控制，改变个体本身的行为，强调以消除行为问题为最终目标。即便短期内孩子的行为发生了变化，但是这种改变带来的隐患可能给孩子的心理造成伤害。这种伤害是无形的，但作用是长期的。另外，因为是在外在控制下形成的效果，同时又没有及时给予正向行为的替代，孩子就像提线木偶，一旦失去了操纵者，木偶就失去了生命力，陷入茫然、不知所措的状态。家长应该明白，我们培养的孩子是具有思想的个体，而不是提线木偶。

培养孩子的正向行为

我们强调培养孩子的正向行为，就是强调以孩子的生活长度和长期效果为焦点，以提升正向行为、促进正常化生活、提升生活品质为目标，实现自我管理。我们用什么方法建立孩子更多的正向行为呢?

强调在自然环境中与同伴的活动。同伴之间的交往是成人不能替代的，同伴之间的交往方式也是成人无法设计的。记得有一次，我为了设计一个小组游戏煞费苦心。当我把孤独症孩子放到普通班时，我发现一个孩子把沙包高高抛起，然后看着它重重掉在地上，就是这样一个简单得不能再简单的游戏，令他们笑得前仰后合，玩的兴致极高，反复多次也不厌倦。此时的目光对视、语言沟通、轮流规则都表现得那么自然，关系那么和谐。在和同伴的相处中，他们有参照模仿的对象，有那么多学习的榜样，因此最利于孤独症儿童学习的环境是自然环境。

家长容易出现的问题是只关注问题的对错，希望通过告诉孩子正确的答案从而纠正他的错误行为。先关注问题而忽视孩子的感受，这样的处理方式孩子不愿意服从。像前面提到的航航奶奶就是这样，所以航航的问题没有得到解决。先关注感受，给予孩子被重视的感觉，满足他的心理需求，然后告知他们事情的标准，这种处理方式会有效得多。航航玩水的行为就是想表达玩水的愿望，满足孩子玩水的需要，告诉孩子哪里的水可以玩，哪里的水脏不能玩，孩子的问题行为就能得到解决。

第六章

普通幼儿园如何转型做融合教育

近年来，我们作为幼儿园背后的专家支持团队，通过对园长和骨干教师的先导培训，再针对每个幼儿园的具体情况进行为期一年的一对一顾问督导，每周开例会，紧密跟踪案例，有问题及时反馈、及时解决，必要时团队老师直面家长答疑解惑。希望通过一系列举措培养出一批有融合教育能力的幼儿园，为更多的孤独症孩子提供幼儿园融合教育的机会。我们将实践中的问题、经验和思考总结出来，希望帮助更多有融合意愿的幼儿园，让它们向融合教育成功转型。

园长及骨干教师培训内容

培训时间	培训主题	课程模块	能力模块
第一天	国际融合教育的发展	发展前景	岗位基本素养
	融合教育的概念和现实意义	发展前景	岗位基本素养
	园所如何开展融合教育——态度与认知	市场运营	市场运营能力
	园所如何开展融合教育——模式、人员及服务	市场运营	市场运营能力
	融合教育的家园共育	家园共育	家长引导与沟通能力
第二天	正向行为支持	态度、策略与支持	问题行为的分析与处理能力

融合顾问年度工作计划表（幼儿园指导内容）

	主题	目标	举例
第一阶段 规则及流程意识的提升	情绪问题	对情绪问题进行引导及策略支持	陌生环境焦虑
	核心问题行为的分析与处理	针对个案核心的问题行为，给予引导及策略支持	家长或老师最棘手的问题
	规则意识问题分析与处理	针对个案不遵守社会性规则的问题行为	不听指令、离开座位
	自理问题	针对个案的自理问题，进行引导及策略支持	吃饭、午睡、如厕等
第二阶段 个案学习能力的提升	注意力问题	针对个案的注意力问题，进行引导及策略支持，让教师学会分析产生注意力问题的原因，并进行正确引导支持	坐不住、注意力不集中
	学习能力	提升个案的学习能力，提升个案的集体参与感和归属感	无法参与上课内容或参与度较低
第三阶段 个案社交能力的提升	社交问题	针对个案的社交障碍，进行引导及策略支持，让教师学会分析产生社交问题的原因，并进行正确引导支持（包括同伴支持）	不知道如何与人相处

学前教育市场现状

当一个国家的人口出生率大幅度下降时，最受影响的行业会是什么？毋庸置疑，以幼儿园为首的学前教育行业首当其冲。根据 2024 年开年中国国家统计局发布的人口数据显示：2023 年年末，全国人口出生率为 6.39‰；人口死亡率为 7.87‰；人口自然增长率为 -1.48‰，已达近年来谷底。

从 2023 年开始，全国在园幼儿数量比上一年减少幅度达 11.55%，而普通儿童的入园率却趋于饱和，数据显示：到 2025 年，全国学前三年毛入园率达到 90% 以上，普惠性幼儿园覆盖率达到 85% 以上，公办园在园幼儿占比达到 50% 以上。在园幼儿数量的直线减少，公办园竞争日益激烈，普通儿童的学前教育市场已接近饱和，普惠化、公办化、优质化已成为未来学前教育行业的必然办园趋势，这也直接导致幼儿园关停潮的来袭及幼教行业的洗牌局面。

幼儿园有机会转型做融合教育吗

首先，让我们来看一组数据：2023 年，我国学前教育毛入园率达到 91.1%；特需儿童的学前教育毛入园率不足 1%；义务教育阶段特需儿童的随班就读率为 50%。我们可以明显地看到，与几乎人人可以入园的普通儿童相比，100 名特需儿童中能够进入幼儿园学习的仅有 1 名，而如何能够让剩余的 99 名儿童顺利入园，正是融合教育巨大的空白市场及发展空间。

近乎一半的特需儿童义务教育阶段入园率与学前教育阶段相对比，意味着几乎所有随班就读的孩子都未接受过学前教育，而这将直接影响他们义务教育阶段融合教育的质量与效果。而是否接受学前教育，将对该孩子一生的生存质量产生至关重要的影响。巨大的需求断档及市场空白正是留给有准备之人的发展空间及可创造的价值。

除了市场条件，国家亦出台了各类政策推动学前融合教育的发展。因此，在国家政策的引领下，“普特融合”已逐渐成为主流教育趋势，开展融合教育已是未来幼儿园所必备的教学形式之一。

国家出台的各类相关政策

● 加快发展非义务教育阶段特殊教育。支持普通幼儿园接收残疾儿童；加强专业化特殊教育教师队伍建设；“国培计划”加强特殊教育学校校长和骨干教师的培训。[《第二期特殊教育提升计划（2017—2020 年）》]

● 发挥资源中心作用。各地要加快建设并实现省、市、县特殊教育资源中心全覆盖，逐步完善工作机制，合理配置巡回指导教师。对直接承担残疾学生教育教学工作的教师给予适当倾斜。依据国家有关规定，认真落实资源教师特殊岗位补助津贴政策。要将普通学校实施融合教育情况、随班就读学生发展情况纳入当地教育行政部门对学校的年度综合考评以及对校长个人的年度考评。（教育部《关于加强残疾儿童少年义务教育阶段随班就读工作的指导意见》）

● 到 2025 年，高质量的特殊教育体系初步建立。适龄残疾儿童义务教育入学率达到 97%，非义务教育阶段残疾儿童青少年入学机会明显增加。大力发展非义务教育阶段特殊教育。积极发展学前特殊教育，鼓励普通幼儿园接收具有接受普通教育能力的残疾儿童就近入园随班就读，尽早为残疾儿童提供适宜的保育、教育、康复、干预服务。(《“十四五”特殊教育发展提升行动计划》)

园所转型过程中的常见问题

在与全国各地尝试开展融合教育的近百家园所沟通的过程中，我们发现，园所在实践过程中可能会遇到的融合问题可以归为以下三类：认知问题、态度问题、专业问题。若能成功规避这三类问题，或在遇到这些问题时能够妥当处理、解决，普通园所转型成为优质的融合园所的概率将大大增加。下面，笔者将为大家详细阐述园所常见的融合问题及解决办法。

第一类，认知问题

任何幼儿园都可以转型为融合幼儿园吗

【案例】

某幼儿园坐落在城乡接合部的居民小区内。小班的日程安排是：

上午：拼音、数学、课间操、写字、英语

下午：午睡起床后加餐、英语、数学、户外活动这样的课程设置可能是很多家长喜欢的，但是不符合教育部规定的幼儿园教学大纲对小班年龄的要求。因此，要想转型做融合教育，首先要对普教课程作出调整。

近几年，我们在帮助幼儿园转型，培养融合幼儿园的实践中发现，有些幼儿园经营不下去的原因是普教不规范，包括课程的设置、教师队伍及管理等。融合教育需要以成熟的普教为依托，转型融合教育的前提是规范的普通教育。因为动静结合、形式多样的课程内容孤独症儿童才有可能参与，像案例中的课程设置，小年龄孤独症儿童是无法参与进去的；他们需要有序、有计划、有组织的课堂管理；需要相对稳定的教师队伍，才会感觉安全；等等。因此，不是任何幼儿园出现经营问题都可以转型为融合幼儿园的，需要先做好普通教育再开展融合教育。

特需儿童的加入，普通家长的投诉率会增加吗

我们在实践中发现，在园家长投诉原因主要分为以下三类：

①预期的服务与实际服务不匹配。

②在园普通儿童的某些行为影响到了自己家的孩子。

③教师对自己家孩子关注不够。

也就是说，家长并非因为园所接收的儿童是特需儿童而投诉，而是因为担心特需儿童的加入会增加上述情况产生的概率，从而产生不满。那么，特需儿童的加入真的会增加上述情况发生的概率吗？只有特需儿童会产生问题行为吗？

答案是否定的。普通儿童因为家庭因素、教育不当等原因亦会产生问题行为，比如上课大喊大叫、不听从指令，甚至推搡、打人等，即问题行为并不仅仅产生于特需儿童。而当孩子的问题行为没有得到老师的妥善处理，甚至花费教师大量精力时，亦会引起园所的家长投诉。

因此，究其根本，是否会增加园所投诉取决于在园教师对于问题行为的态度和处理方式。当问题行为发生时，若教师可以应用正确的处理方式，减少甚至避免孩子问题行为的发生频次，让教师、家长甚至同伴“头疼”的问题得以解决，那么园所的投诉率不仅不会升高，还会大大降低。

在竞争逐渐激烈的今天，若园所可以将融合教育的教学方式应用到普教的教学中，用“得当”的方式对待每一位儿童的问题行为，那么教师的教学效率也会获得大幅度提升，亦会收获良好的师生关系及家长口碑，打造“不可逾越”的竞争壁垒。

如果普通家长有质疑，如何说服普通家长

在《学前教育研究》2019 年第 6 期刊登的《学前融合教育经历时长对普通幼儿自尊感和自我效能感的影响》一文中，通过对 236 名在校普通幼儿进行追踪调查，作者有以下惊喜发现：

①通过学前融合教育，普通幼儿对特殊幼儿能够形成更高的社会接受度和积极的态度。对融合班普通幼儿的行为观察也证实了这一点。

②普通幼儿了解和帮助有特殊需要的幼儿能够使自身获得外界的肯定。

③有过学前融合教育经历的普通幼儿具有更强的自信心，能较好地调整自己的情绪态度和提高自我调节能力，进而提升自我效能感。

④有 2 年以上学前融合教育经历的普通幼儿，其自信感的发展显著优

于有 1 ～ 2 年和无学前融合教育经历的幼儿。

综上所述，特需儿童的加入并不会直接影响到普通幼儿，反而会对普通幼儿的人格养成起到积极的促进作用，但这一切的前提是园所可以为特需幼儿提供恰当的环境支持，解决问题策略支持和同伴支持，而上述三点，正是一所合格的融合幼儿园所必备的元素。

○ 第二类，态度问题

普通家长对融合教育反应强烈且消极怎么办

如何正确地引导普通家长接纳甚至支持园所开展融合教育呢？我们可以分为以下几个步骤进行思考。

1. 有选择性地接收

在园所开展融合教育初期，我们建议对家长进行筛选。有一定专业培训经历，愿意帮助幼儿园的家长优先。未来可以考虑将家长吸纳到幼儿园中，为幼儿园增加更多融合教育资源。

2. 有选择性地告知

我们不给任何一个孩子扣上“特需儿童”的帽子，若遇到某个孩子问题比较严重，有家长询问该儿童是否为特需儿童时，教师可以用以下方式进行回答。

首先，小朋友都会有一些问题，这很正常。×× 孩子的问题，我园已协同专家组一起研讨，专家给出的方案我们正在实施，也为孩子安排了专门负责的老师，已经有了一定的效果，所以未来这个孩子会越来越好；同时，我园针对孩子们的问题成立了专门的教研组，由 ×× 园长专门负责。请家长放心，不会对其他孩子的教学及生活产生影响。同时，如果家长有需要，也可以找我们咨询家庭教育的问题。我们可以和专家组老师一起帮助解决。

3. 有策略地展示成果

首先，在融合环境建设完成之前，建议园所暂不对外公布开展融合教育的事宜，但可对外宣布成立儿童发展指导专项教研组，针对个案进行教研及行为追踪。其次，在每学期的期末总结时，可以用项目组总结的形式对普通家长展示本学期的效果。最后，未来园所可进一步扩大项目组支持范围，针对普通孩子的问题行为进行追踪干预。

园所教师对特需儿童家长态度冷漠怎么办

我们在实践中发现，园所教师对特需儿童家长冷漠的原因可分为三点：第一，特需儿童家长较为敏感，情绪易激动；第二，照看特需儿童的付出精力与回报不对等；第三，对特需儿童群体了解不够，无法产生情感共鸣。我们可通过下面三步解决以上问题。

第一，对园所教师做培训，帮助他们了解特需儿童家长群体的特点和不易，并给予他们相应的沟通策略，降低工作难度。

第二，建设完善的融合教育教师管理制度。

园所需建立完善的融合教育教师管理制度，制度包含融合教师职业准则、融合教师行为规范、融合教师管理规范（含奖惩）。

当教师的付出可以被看见，孩子的进步可以被发现，教师的辛苦可以被理解时，教师便会拥有不断进取的动力。因此，为了鼓励融合教育教师，大多融合园所会为此设立专项资金用于融合教师的额外薪酬支付、进修、奖励等。当一名好的融合教育教师可获得比普通教师高的薪酬，以及职业尊重时，便会有更多的教师愿意加入。

第三，增加共情能力及情感认同。

出现问题时，尤其是和家长产生矛盾时，园所领导要站出来解决，给予教师足够的支持，包括心理支持和专业支持。当她们可以走近特需儿童家长群体，对其心理特点足够了解，并且面对家长的质疑可以应对解决时，教师的心理负担便会大大减轻，态度问题也会得到解决。

特需儿童家长否认孩子“有问题”怎么办

家长否认孩子“有问题”背后的原因可以归结为以下几点。

①确实对孩子的问题无察觉，对孩子的发展不够重视或者缺乏学习能力。

②了解孩子的真实情况，不敢面对事实，选择逃避。

③家庭经济条件有限，无法负担康复费用。

④孩子障碍程度较轻，在家庭环境中并没有体现，但是在幼儿园等多元的社会环境中，障碍明显表现。

找到原因后，我们可以有针对性地给出策略。首先要明确的一点是，我们的最终目的并非让家长承认孩子“有问题”，而是解决问题。因此，我们并不需要让家长承认孩子“有问题”，而是可以从孩子的问题入手，由园方提供额外的教学策略支持幼儿，以获得刚好的发展为切入点进行沟通。孩子接受融合教师的支持，并不意味着在园的每一天都需要额外支持，当孩子的问题行为得到很好的解决和支持后，融合教师便会撤出孩子的活动。因此，我们可以和家长强调“流动性”这一点，每个孩子都可能成为我们的支持对象，而园所的初衷并非“排他”而是“共生”。

与高昂的康复费用相比，融合费用低很多，因此，家庭接受程度会较高。此外，园方可以将经济困难家庭儿童作为融合样本（减免融合费用）进行个案支持并进行口碑传播（家长需发挥宣传作用）。也可以考虑将家长吸纳到幼儿园帮助开展融合教育。

针对第四类家长，我们则可邀请家长入园观察孩子，让家长了解孩子在园的真实表现，并辅以行为记录表、幼儿表现视频、图片等内容，沟通个案支持策略。

第三类，专业问题

可以用一个处理方法解决所有孤独症儿童的问题行为吗

不可以。特需儿童产生问题行为的原因大不相同，必须通过功能分析找到原因再做处理。譬如，方方与媛媛均有在课堂突然大喊大叫的问题行为，而通过功能分析，我们发现，方方突然大喊大叫主要是因为听觉敏感，在听到较高分贝的音量时会情绪激动。而媛媛则是因为想去操场玩耍但是不知道如何表达而大喊大叫。因此，针对这两个孩子，教师将采取两种截然不同的处理方式。我们不能因为孩子的一个行为而判定他是否有问题，而是要结合行为发生的场合、环境、发生的原因等加以判断，甚至与家长、教师、同伴等进行访谈了解后，方可以给出最为恰当的解决办法。

在与园所沟通的过程中，经常有老师询问我们：“孩子大喊大叫怎么办，孩子坐不住怎么办，孩子打人怎么办？”我们理解老师们每天被这些问题困扰，希望我们给大家一个标准答案，并且能够立竿见影。这是幼儿园老师开始接触融合教育时的普遍想法。慢慢地老师们会发现，融合教育看似简单，入门其实不易。不过，我们专家组老师会带领大家一起学习，针对各园的具体情况有针对性指导，我们会一直陪伴大家成长。

普通班的教学内容可以降级后直接作为特教班／融合预备班的课程内容吗

不可以。我们的授课内容和形式要符合特需儿童的特点和需求，他们不是大版的小龄儿童。这也是我们在与园所的沟通中经常被问到的问题。这是由于普教老师不了解特需儿童所致。

首先，我们开设特教班/融合预备班的首要目的是为特需儿童日后进入普通班级做铺垫。授课内容及形式应围绕一日常规、规则意识、跟随学习能力而开展，采用小组课与个训课结合的形式，通过游戏、社交活动等方法对特需儿童进行教学。其次，并非所有特需儿童的认知均与其年龄段的正常认知有差异，降级授课是无法解决其核心问题的。园所需要针对孩子具体情况做出 IEP（个别教育计划）。

转型成功需要具备哪些条件

园长的信念和准备

园长具有坚定的信念是融合教育转型成功的关键因素。尤其是当遇到困难和麻烦时园长的态度，考验的也是园长的信念。信念坚定的园长，融合教育才有可能成功。

为此，园长需要做以下准备。

第一，全员达成共识，统一融合教育的战略方向。

第二，做好人员安排并建立相应的监督与管理机制。

第三，给老师提供专业培训与支持。

第四，出现问题时给予老师支持。包括解决特需儿童家长的问题和处理普通儿童家长的投诉。

○ 人员配置

成功转型的融合幼儿园所必备的最低人员配置如下表所示，随着融合业务的逐步拓展，每个岗位的人员数量会随之增加，人员的专业度也会逐渐提升。

岗位名称	最低人员数量	岗位职责
主管园长	1名	1. 负责转型融合幼儿园过程中的所有决策性事务 2. 负责让全园教师达成融合共识 3. 负责制定本园融合教育人员管理制度，安排各岗位人员 4. 负责为在园教师提供专业提升支持 5. 负责与专家团队沟通，反馈问题及进展
教研组长	1名	1. 负责制定并监督在园特需儿童的 IEP 计划并落实 2. 负责在园特需儿童的融合教学成果展示，融合方案的调整 3. 负责与家长定期召开个案探讨会 4. 负责了解本园融合教师的专业提升进度，及时反馈主管园长，与园长共同制定本园教师融合专业提升计划 5. 与本园融合教师及时沟通，当教师有消极情绪时及时反馈
咨询教师（可兼任）	1名	1. 负责与拟入园融合家长进行前期沟通，让家长了解本园融合的方式及教师配置 2. 负责与家长的首次访谈 3. 跟进入园阶段的特需儿童家长的沟通工作，根据教师反馈问题进行家校协同配合
融合教育教师（各班主班老师）	若干	1. 负责个案的融合干预方案的实施 2. 参与讨论个案的 IEP 计划 3. 及时反馈个案的教学效果，调整方案 4. 及时与个案家长沟通，了解个案在家庭中的表现

○ 服务标准及流程

为了专业化、标准化地呈现融合教育教学成果，提升园所融合教育运营水平，园方可以在以下方面进行流程及标准设定。

模块	阶段	需要标准化的内容（含辅助表格）	执行人员
服务前期	家长咨询	1. 园所融合教育开展模式介绍 2. 专家团队介绍（必要时可将专家介绍上墙展示） 3. 个案结案流程介绍（必要时可上墙展示）	咨询教师
服务中期	融合阶段（部分时间在普通班）	1. 家长访谈记录表 2. IEP 档案 3. 幼儿情况登记表 4. 家校沟通记录表（定期） 5. 教研活动记录表（定期） 6. 个案月总结 / 季度总结会记录	融合教师 教研组长
服务后期	融合阶段（全部时间在普通班）	1. 定期与融合教师沟通个案表现（含沟通记录） 2. 定期与家长沟通个案表现（含沟通记录） 3. 定期召开个案教研会（融合教师、家长、普教老师）	融合教师 普教老师 教研组长

融合模式

目前市场上主流的融合模式有两大类，一类是幼儿园仅提供融合服务，另一类则会提供“融合 + 康复”的双服务，园所可根据现有情况，盘点资源后选择所适合的模式进行转型。本书将上述两类按照服务是否为园所自行交付来划分，可细分为以下 4 类。

○ 园所与影子教师支持机构合作，提供融合教育支持服务

根据我们的实践经验，若园所此前从未接触过融合教育，且园所教师均为普教背景，园所可先在园中引进影子教师，普教教师负责与影子教师共同完成个案支持。此方案可让园所近乎“零成本”开设融合教育，同时成熟的影子教师不仅可以保证个案的融合支持效果，还可带动普教教师参与融合教育的积极性，助力园所融合教育环境建设，为以后园所开展融合教育打基础。需要注意的是，这只是开始阶段，如果幼儿园真正开展融合教育，只有影子教师是不够的。

○ 园所自行提供融合教育支持服务

若园所教师接受过融合教育基础培训，且有部分园所教师愿意成为融合教育专业教师，园所可以与融合教育专家团队合作，如同我们现在培养幼儿园融合的方式，以个案追踪的形式对本园的融合教育教师进行指导，先由专家介入为个案制订 IEP 计划，本园教师进行落地执行，待园所教师的专业能力提升，可独立进行个案支持后，园所便可自行提供融合教育支持服务。该模式为园所自行交付融合教育支持服务，可控性较强，且当园所首批融合教育教师成功培养后，便可进入良性循环的业务模式，不再受限于外接机构，可最大限度地为园所创收。

○ 园所自行提供融合教育支持服务，通过对外合作提供康复服务

若园所周围有康复中心，或园长自身拥有康复中心的教育资源，那么在本园提供融合教育支持服务的基础上，还可向特需儿童提供康复支持，即特需儿童可在康复中心进行康复，在幼儿园进行融合。该类模式可提升孩子在园的融合效果（要注意与康复中心康复师及时沟通，衔接配合），同时作为康复中心配套的融合幼儿园，亦可增加本园的融合教育个案储备。

○ 园所自行提供融合教育支持及康复一体化服务

在该模式下，园所需要内设康复中心，即需要拥有如感统教室、个训

室等硬件配套设施，同时需要拥有专业的康复师对个案进行康复支持。因此，若园所已经拥有较为专业、稳定的融合教师团队，拥有良好的口碑，那么园长可对外聘请康复师入园提供康复服务，或将部分能力较强的融合教师培养成为康复师。该模式虽需要一定投入，但“融合+康复”双轮驱动的模式可让园所在一众传统的融合教育模式园所中脱颖而出，减少在园特需儿童的康复成本（含时间成本），通过一体化支持可最大限度地提升个案康复及融合效果，两者相辅相成。同时，该模式还可为家长提供多元化的服务选择，直接拓宽园所收益模式，打造强劲的竞争壁垒。

案例分析

【案例 1】

某幼儿园园长急于解决目前普教招生难的问题，开始招收孤独症儿童入园。有家长希望幼儿园能够帮助孩子解决语言能力弱的问题，园长满口答应。老师对孩子很负责，甚至帮助家长晚上带孩子，但是不久家长将孩子转园了。由于没有后续生源，园长只能放弃做融合教育的想法。

【案例 2】

某幼儿园一直都有特需儿童，园长很努力，很想帮助孩子和家长。但是老师们有不同的看法，园长很认真地督促老师们，有时还会亲自给小朋友上课。但是感觉步履维艰。

分析：

在实践中我们发现，很多幼儿园都有转型的需求，园长迫于生存的压力急于想改变，但是融合教育需要依托普通教育，包括幼儿园管理和专业能力。在实施融合教育的过程中首先暴露出来的问题是幼儿园的管理问题，与融合教育专业无关。具体表现在以下几点。

①缺乏规范的管理机制。如案例 2 中，内部管理意见不一，在具体实施过程中又缺乏明确的分工合作和管理机制支持，导致教师无所适从。园长只能靠对教师的监管，融合教育才得以维持下去。在管理上缺乏团队合作，难以贯彻执行。

②缺乏服务的规范性。如案例 1 中，在对融合教育缺乏了解的情况下，主管园长对家长的要求满口答应，导致融合失败。

③忽略家长工作。家长认为只要交费，幼儿园就可以帮助家长解决孩子的全部问题。家长不能及时了解老师的付出和孩子的进步，无法认可幼儿园的专业性。即便对家长的态度很好，但不能解决家长的问题。

④教师缺乏积极性。由于家长不参与，能动性弱，会直接影响孩子融合的效果，影响老师的积极性，长此以往，便形成了恶性循环。这也是造成教师流动的原因之一。

在实践中我们发现，成功转型的幼儿园有以下特点。

①专业。有专家团队支持。我们的专家团队成员都是长期做个案追踪的老师，每个人都有很多案例成功融入普小，有的甚至追踪 20 年，直至孩子长大成人、工作等。由于我们了解孩子的成长过程，知道小年龄的融合教育目标如何与长大成人衔接，我们可以给幼儿园和家长切实的支持和方向性的指导。老师或家长的任何疑问都可以得到解答并在实践中见效。因为有专家团队的支持，教师更加有信心，家长对幼儿园更加放心。

②管理。有比较规范的管理团队。在人员配备上有专职主管园长和融

合教育教研组长。融合教育教研组成员由各班主班老师、副班老师组成。教研组长定期召开专业指导会，督促老师，协调家长，负责协助各班老师，及时和专家组反馈并制定解决方案，监督实施。

③个案。对家长做选择。尽量选择配合度高、有学习能力且活跃的家长作为首批案例，做出口碑。不急于扩大招生。

④家长工作到位。专职老师每天和家长反映孩子在园情况以及专家指导工作内容，有任何情况或疑问及时和专家团队探讨；和专家团队合作，定期召开家长培训会和答疑会，了解家长需求和动态，让家长直面一线指导专家，直面幼儿园的专业性；定期开展家长沙龙活动，组织家长和孩子一起春游等，增进和家长的互动。

⑤发挥家长的推动作用。在指导中我们发现，成功转型的园所中不乏家长参与的幼儿园，将他们的经验总结如下。

第一，孩子进入幼儿园接受融合教育，把家长也吸纳进来帮助开展工作。有的家长还是融合教育负责人。这样做的好处是：家长对工作有极高的热情和主动性；愿意配合幼儿园并主动学习和成长；家长最了解家长群体，对家长群体感同身受，容易和家长建立信任；家长最期待幼儿园做好并长久发展，这样对自己孩子有直接帮助。

以上这些因素，便于幼儿园融合教育快速起步，且有可能持久开展。

第二，以家长的孩子作为个案，容易出成果。因为家长最期待自己孩子的进步，最努力，容易做出口碑。

第三，家长了解家长群体的需求，他会紧密和其他家长联系，并及时调整相关服务。

第四，家长加入家长群体，便于做出口碑后推广。

综上所述，融合教育无疑给普通幼儿园开了一扇窗，不仅是应对出生率低的生存问题，更是提升幼儿园服务品质的发展问题，这也是伴随社会更加多元化的时代需要。我们衷心期待有更多普通幼儿园融合教育转型成功，为更多孤独症儿童及其家庭带来福音，这是社会的需要，也是教育者的责任。

参考书目

[1]（美）巴瑞·普瑞桑著，陈丹等译. 这世界唯一的你：自闭症人士独特行为背后的真相 [M]. 机械工业出版社，2016.

[2]（美）斯坦利·格林斯潘等著，赵瑾娜译. 特殊需要儿童智力和情绪发展指南 [M]. 华夏出版社，2014.

[3]（英）托尼·阿特伍德（Tony Attwood）著，燕原，冯斌译. 阿斯伯格综合征完全指南 [M]. 华夏出版社，2020.

[4] 王国光. 家庭早期干预指导系列丛书孤独症儿童 [M]. 华夏出版社，2023.

[5] 钮文英. 拥抱个别差异的新典范——融合教育 [M]. 台北市心理出版社，2008.

[6] 钮文英. 身心障碍者的正向行为支持 [M]. 台北市心理出版社，2009.

[7] 王梅. 孤独症儿童情绪调整与人际交往训练指南 [M]. 中国妇女出版社，2009.

[8]（英）布丽姬特·贾艾斯主编，宋梅、丁建略译. 发展心理学 [M]. 黑龙江科学技术出版社，2003.

[9]（美）David R.Shaffer 等著，邹泓等译. 发展心理学（第九版）[M]. 中国轻

工业出版社，2016.

[10] 朱智贤，林崇德 . 思维发展心理学 [M]. 北京师范大学出版社，2002.

[11]（日）柚木馥、白崎研司主编，王宁译 . 发育障碍儿童诊断与训练指导 [M]. 华夏出版社，2008.

[12] 张文新 . 儿童社会性发展 [M]. 北京师范大学出版社，1999.

[13] 甄岳来 . 孤独症儿童社会性教育指南 [M]. 中国妇女出版社，2008.

[14]（美）Steven E.Tstein，Rachelle K.Sheely 著，林嘉伦译 . 儿童人际发展活动手册：以游戏带动亚斯伯格症、孤独症、PPD 及 NLD 孩童的社交与情绪成长 [M]. 台湾九周出版文化事业有限公司，2005.

[15]（美）Sally Hewitt. Specialist Support Approaches to Autism Spectrum Disorder Students in Mainstream Settings [M]. Jessica Kingsley Publishers，2004.